AF634003

Jochen Stork (Hrsg.): Das menschliche Schicksal

Jochen Stork (Hrsg.)

Das menschliche Schicksal zwischen Individuation und Identifizierung

Ein psychoanalytischer Versuch

7. Symposion
der Poliklinik für Kinder- und Jugendpsychotherapie
der Technischen Universität München

problemata
frommann-holzboog 121

Herausgeber der Reihe „problemata“: Günther Holzboog

CIP-Titelaufnahme der Deutschen Bibliothek

Das **menschliche Schicksal zwischen Individuation und Identifizierung** :
e. psychoanalyt. Versuch / Jochen Stork (Hrsg.). –
Stuttgart-Bad Cannstatt : frommann-holzboog, 1988
(problemata ; 121) (... Symposion der Poliklinik für Kinder- und Jugendpsychotherapie der Technischen Universität München ; 7)
ISBN 3-7728-1197-3 brosch.
ISBN 3-7728-1196-5 Gewebe

NE: Stork, Jochen [Hrsg.]; 1. GT; Poliklinik für Kinder- und Jugendpsychotherapie ⟨München⟩: ... Symposion der ...

© Friedrich Frommann Verlag · Günther Holzboog
Stuttgart-Bad Cannstatt 1988
Satz und Druck: Laupp & Göbel, Tübingen 3
Einband: Otto W. Zluhan, Bietigheim

Zusammenfassung

Wenn das Thema: „Das menschliche Schicksal zwischen Individuation und Identifizierung“ Gegenstand eines Symposions wird, kann man mit Recht vermuten, daß das Phänomen der Individuation, der Entfaltung der eigenen Individualität – für die Philosophie seit Jahrtausenden ein Urprinzip menschlichen Seins und von der Psychoanalyse nur wenig beachtet – als zentraler Pol der Reflexion gedacht ist. Das ist auch so, jedoch mit einer Einschränkung. Das Phänomen der Individuation soll innerhalb eines Gegensatzverhältnisses aufgegriffen werden, in dessen Spannungsfeld die menschliche Einzigkeit und Besonderheit, seine Individualität als Existenzgrund, erst seine Ausprägung findet. Es sollte um das schwierige Verhältnis gehen, das Individuation und Identifizierung miteinander bilden, dessen Lösung oder Nicht-Lösung ausschlaggebend für das Schicksal eines jeden Menschen ist.

Summary

If the theme of a symposium is: "Human destiny between individuation and identification" it can be rightly assumed that the phenomenon of individuation is the central focus of reflection – this being in philosophy for thousands of years a primary principle of human existence and finding in psychoanalysis little consideration. This is so, but with one limitation. The phenomenon of individuation should be taken up within a relationship of contrasts, whereas within this range human singularity and particularity and its individuality is expressed as the meaning of existence. It should deal with the difficult relationship that individuation and identification form together and its finding or not finding of a solution being decisive for the destiny of each individual.

Résumé

Lorsque le sujet: «La destinée humaine entre l'individuation et l'identification» devient l'objet d'un symposium, on peut présumer à juste titre que le phénomène de l'individuation, de l'épanouissement de la propre individualité – pour la philosophie depuis des millénaires un principe primitif de l'essence humaine et que la psychanalyse n'a que peu pris en considération – se verra allouer le rôle de pôle central de la réflexion. C'est bien en effet le cas, mais pourtant avec une restriction. Le phénomène de l'individuation doit être saisi á l'intérieur d'un rapport d'opposition dans le champ de tension duquel le caractère unique et singulier de la personne humaine, son individualité en tant que raison d'exister, va pouvoir ressortir avec évidence. Il va s'agir ici de se pencher sur le rapport difficile que constituent ensemble l'individuation et l'identification, et dont la résolution ou non résolution est déterminante pour la destinée de chaque être humain.

Inhalt

Zwischen Individuation und Identifizierung, ein ursprünglicher Konflikt

Jochen Stork (München)

Glaubt nicht, Schicksal sei mehr,
als die Dichte der Kindheit.
R. M. Rilke, Siebte Duineser Elegie.

Wenn das Thema: „Das menschliche Schicksal zwischen Individuation und Identifizierung“ Gegenstand eines Symposions wird, kann man mit Recht vermuten, daß das Phänomen der Individuation, der Entfaltung der eigenen Individualität – für die Philosophie seit Jahrtausenden ein Urprinzip menschlichen Seins und von der Psychoanalyse nur wenig beachtet – als zentraler Pol der Reflexion gedacht ist. Dem ist auch so, jedoch mit einer Einschränkung. Das Phänomen der Individuation soll innerhalb eines Gegensatzverhältnisses aufgegriffen werden, in dessen Spannungsfeld die menschliche Einzigkeit und Besonderheit, seine Individualität als Existenzgrund, erst seine Ausprägung findet. Es soll um das schwierige Verhältnis gehen, das Individuation und Identifizierung miteinander bilden, und ich möchte versuchen aufzuzeigen, daß beide einen inhärenten Urkonflikt des menschlichen Seins miteinander bilden, dessen Lösung oder Nicht-Lösung ausschlaggebend für das Schicksal eines jeden Menschen ist.

Margret S. Mahler hat erstmals 1958 und später 1968 im Zusammenhang mit den kindlichen Psychosen die Gegenüberstellung von Symbiose und Individuation beschrieben und sich damit ein ähnliches Thema gestellt, ohne jedoch der angesprochenen Konflikthaftigkeit eine besondere Bedeutung zu geben. Das Thema des Symposions schafft nicht unabsichtlich eine andere Reihenfolge und ersetzt Symbiose durch Identifizierung. Es ist mir ein Anliegen zu zeigen, daß sich die hier aufgeworfene Problematik nicht in dem Mahler'schen Konzept erschöpft, sondern noch vielfältigere und grundsätzlichere Fragestellungen aufweist.

Das Thema der Gegensätzlichkeit zwischen Individuation und Identifizierung, die sowohl schöpferisch als zerstörerisch genannt werden kann, ist keineswegs neu in der langen Geistesgeschichte des Abendlandes, auch wenn das, was wir als Identifizierung bezeichnen, unter den verschiedensten Begriffen aufgetreten ist. Ich bin versucht, einen kurzen Blick auf dieses Thema zu werfen, soweit es mir zugängig ist und es von Belang für unsere Diskussion sein kann. Dabei bin ich mir des Dilettantischen und Fragmentarischen meines Unterfangens schmerzlich bewußt.

Die Individuation in der philosophischen Reflexion

Die Philosophie hat das Phänomen der Individuation lange Zeit über ein letztes Geheimnis des Seins verstanden. Dies äußerte sich schon alleine in dem Umstand, daß es ihr schwierig schien, den Begriff des Individuums hinreichend zu definieren. Sie fand sich veranlaßt zu sagen, das Individuum sei in seiner Einzigkeit und Besonderheit schwer oder überhaupt nicht durch allgemeine begriffliche Merkmale beschreibbar. Auf solche Überlegungen geht in der Philosophie des Mittelalters die Formel zurück: individuum est ineffabile. Hierin drückt sich wohl aus, welches Ausmaß von Beunruhigung oder zumindest von Erstaunen von dem Phänomen ausging. Das Grundsätzliche dieser Geisteshaltung scheint in der Vorstellung zu bestehen, daß die Entstehung der Individuation als Aussonderung von Individuen aus dem Allgemeinen, dem Sein an sich, zu denken ist. Damit stellten sich die Fragen, die von zentraler Bedeutung waren: Warum findet Individuation überhaupt statt? Warum wird eine ungeteilte Einheit des Wirklichen zerstört? Oder: Ist Individuation im Wirklichen von vorneherein vorhanden, oder wodurch ist Individuation überhaupt entstanden?

Schon aus diesen Fragen läßt sich eine Antwort heraushören, die unser Interesse verdient, weil sie von den Vorsokratikern wie Anaximander bis in die Neuzeit hin zu Schelling und Nietzsche immer wieder auftaucht, wenn sie uns auch wie eine recht törichte Antwort erscheinen kann. Sie lautet: ‚Der Prozeß der Individuation ist ein sündiger Abfall von dem Einen, und letztlich von Gott. Als unerlaubte Verselbstung und Vereinzelung steht sie für Loslösung vom Urgrund des Seins und Lossagung von Gott.‘

Eine solche Antwort kann uns wie einfältig anmuten, einer fernen Zeit zugehörig, da sie dem uns Augenscheinlichen so grundsätzlich widerspricht. Dennoch, so wage ich zu behaupten, ist mit dieser Frage und dieser Antwort ein unser Unbewußtes tief bewegendes Phänomen angesprochen, über das, wollen wir den Dingen auf den Grund gehen, wir uns auch heute nicht einfach hinwegsetzen könnnen. Ich werde Gelegenheit haben, dieses Thema später wieder aufzugreifen. Es geht letztlich um die Verflechtung und Verpflichtung von ALL und EINEM, es geht um das Recht auf Existenz des EINEN gegenüber dem ALL. Aus der psychoanalytischen Reflexion ist uns gerade dieses Thema nicht unbekannt, auch wenn wir eine weniger abstrakte Begrifflichkeit benutzen. Es ist dasjenige der schuldhaften Loslösung aus der Verstrickung mit der archaischen Mutter-Imago; ein Leitmotiv vieler Analysen.

Den modernen Menschen – die Philosophie sowie die Soziologie unserer Tage geben davon Zeugnis – berührt dieses Thema vornehmlich, wenn es sich von einer anderen Seite zu erkennen gibt. Uns kümmert weniger die ungeteilte Einheit, wir tragen vielmehr Sorge um das Individuum als dem einzig wahren Existenzgrund des Menschen. Wir haben Angst, die Allgemeinheit sowie die Gesellschaft könnten sein Recht auf Besonderheit und damit Freiheit beeinträchtigen oder unterdrücken, wenn nicht gar vernichten. In diesem Sinne läßt Adrian Leverkühn den entsetzlich Anderen, seinen mephistophelischen Gast sagen: „Der Anspruch, das Allgemeine als im Besonderen harmonisch enthalten zu sehen, dementiert sich von selbst“ (Thomas Mann 1947, 322).

Ein ähnlicher Gedanke liegt den Ausführungen von Adorno (1960, 11) zugrunde, wenn er schreibt: „Tritt in der gegenwärtigen Musik die Dissonanz entscheidend hervor, um schließlich die Konsonanz abzuschaffen, und damit auch den Begriff von Dissonanz selbst, so ließe sich zeigen, daß seit vielen Jahrhunderten die Komponisten von Dissonanz gelockt wurden, als der Möglickeit, unterdrückte Subjektivität, Leiden unter der Unfreiheit, die Wahrheit über das herrschende Unwesen auszusprechen."

Es ist das Einheitliche und das Allgemeine, wozu auch das Selbstverständliche, das Bestehende und die Tradition wird, dem die Individuation Unruhe und Verneinung entgegensetzt, um dem Gefühl der Unterdrückung und Unfreiheit zu begegnen. So wird es notwendig, endlich die Wahrheit über die herrschende Meinung auszusprechen, die als Unwesen jede Neuschöpfung verbietet. Dabei geht es nicht, was vielleicht mißverstanden werden könnte, um die Ablehnung des Allgemeinen und Bestehenden und die Zerstörung jeglicher Tradition. Ganz im Gegenteil, es geht um etwas, was Adorno (1966, 40) an anderer Stelle wieder in bezug zur Kunst erfaßt: „Dichtung rettet ihren Wahrheitsgehalt nur, wenn sie im engsten Kontakt mit der Tradition diese von sich stößt".

Bei der Behauptung des Vorranges des Individuums vor dem Allgemeinen und der Gesellschaft, besteht das Ziel nicht darin, die natürliche Bezogenheit zur Gesellschaft zu brechen. Die Bewegung mündet nicht in die schrankenlose Selbstbezogenheit. Sie zeigt nur auf, in welch eine Bewegung die Notwendigkeit der individuellen Selbstentfaltung eingebunden ist, die sich einzig als eine immer wiederkehrende Erschaffung darstellt, und es ist diese, die zum hauptsächlichen Träger des Sinnes menschlichen Lebens wird.

Wir befinden uns also obendrein in einem Kardinalproblem der Soziologie, das durch das Verhältnis von Individuum und Gesellschaft gebildet ist. Mit ihm verbindet sich auch hier die existentielle Angst, die Allgemeinheit und die Gesellschaft könnten das Recht haben oder es sich nehmen, die Vielfalt der Individuation, die menschliches Leben fähig ist hervorzubringen, zu unterdrücken und zu zerstören. Wer möchte die Berechtigung solcher Ängste in unserer Gesellschaft und unserer Geschichte in Zweifel stellen.

Dann aber darf es kein Tabu sein, über die Gegensätzlichkeit der beiden Begriffe hinauszudenken und mit Norbert Elias (1987, 209–310) von der ‚Gesellschaft der Individuen' zu sprechen. Erst auf diesem Wege wird möglich, was wir angesichts des neuartigen und globalen Verantwortungsgefühls für das Schicksal des Menschen in Not, und der weltumspannenden Reichweite der Identifizierung von Mensch zu Mensch erleben, nämlich einen Integrationsprozeß und ein umfassendes Interdependenzgeflecht auf der Welt, das zu neuen Hoffnungen berechtigt.

Die Individuation in der psychoanalytischen Reflexion

Diese Ausführungen machen schwer einsichtig, warum der Prozeß und die Bewegung der Individuation in der Psychoanalyse auf nur wenig Interesse gestoßen sind, wo doch das principium individuationis eine solch mächtige Resonanz in der Philosophie gefunden hatte. Schon bei Freud läßt sich auf eine gewisse Geringschätzung gegenüber dem Begriff hinweisen. Denken wir zum Beispiel an eine so bedeutende Arbeit wie „Massenpsychologie und Ich-Analyse", um nur eine Stelle zu nennen, in der Freud (1921, 73 f) den Gegensatz von sozialen Phänomenen, nicht in individuellen, sondern in narzißtischen Vorgängen sieht. Er meint sogar, sich auf Bleuler berufend, man könnte statt von narzißtischen, in diesem Zusammenhang auch von autistischen Vorgängen sprechen.

Dies will beileibe nicht sagen, daß Freud und die Psychoanalyse sich nicht intensiv mit dem Menschen als einem individuellen Wesen beschäftigt hat. Wir wissen, daß das Gegenteil der Fall ist, und daß mit der Psychoanalyse zum ersten Mal der Mensch als Einzelwesen bis in seine tiefsten unbewußten Regungen zugängig wird. Ich stelle jedoch fest, daß der Begriff mit seiner spezifischen Bedeutung, aus welchen Gründen auch immer, eine untergeordnete Rolle spielt. Daraus ergibt sich die Frage, wie sich dieser seltsame Umstand erklären läßt und ob damit nicht menschliche und allzumenschliche Erfahrungen der Vielfalt psychoanalytischer Reflexion verloren gehen.

Ein Grund für Freuds Geringschätzung mag darin zu finden sein, weil seine frühen Mitstreiter und späteren Kontrahenten Adler und Jung dem Begriff Individuation eine besondere Berücksichtigung gaben.

Alfred Adler (1923) nannte seine Theorie bekanntlich Individualpsychologie. Er jedoch reduzierte das individuelle Streben einzig auf Geltungs- und Machttriebe, so daß Freud, der sich wohl in der oben zitierten Stelle vor allem gegen Adlers Ansichten wendet, recht hat, wenn er meint, hier wäre die Bezeichnung narzißtisch richtiger. Sie ist vor allem unzweideutiger.

C. G. Jung (1928) hat dem Begriff Individuation einen zentralen Platz in seinem Lehrgebäude gegeben (s. dazu auch Meier, 1977). Er stellt der primitiven Triebnatur des Menschen regulierend das Individuationsprinzip gegenüber. Es gestaltet eine dialektische Auseinandersetzung zwischen dem Unbewußten und dem Bewußtsein und schafft eine zunehmende Bewußtwerdung. Die Selbstwerdung und Selbstfindung der Persönlichkeit soll die Ichhaftigkeit transzendieren, indem sie das bewußte Ich um die Dimensionen des Unbewußten bereichert und so zu einer Ganzheit gelangt, zum Selbst, in dem Bewußtes und Unbewußtes vereint sind. Der Sinn und das Ziel ist eine finalistische Betrachtungsweise: Der Mensch in seiner Bestimmung auf dem Wege zur Ganzwerdung, zur Entfaltung der ursprünglich potentiellen Ganzheit, gegen die Hindernisse unbewußter Strebungen, zur Befreiung von der Persona, der Maske, und dem Alter Ego, dem Schatten, d. h. den vom Ich ins Unbewußte abgedrängten Persönlichkeitsanteil. Ein letzter Schritt besteht in der Integration von Anima und Animus, d. h. von männlichen und weiblichen Persönlichkeitsanteilen.

Die Erfüllung der Individuation richtet sich nach Jung auf den Menschheitstraum der Entfaltung einer ursprünglichen potentiellen Ganzheit, einer Mana-Persönlichkeit, in der Annahme, daß ein außergewöhnlich Wirksames, ein Mana, den Dingen innewohnt.

Sie werden leicht erkennen, in welch hohem Maße die Freud'sche Psychoanalyse ihre theoretischen Auffassungen nüchterner und einfacher konzipiert. Bei Jung scheint etwas wie die Lehre vom Höheren am Werk, gegen die Adorno (1965, 7 ff) so scharf zu Felde zog, und die einen unendlichen und fatalen Hang zum Absoluten in sich trägt. Mich läßt diese Art zu theoretisieren an die spöttische Bemerkung der weisen Eidechse denken, von der uns H. Heine in ‚Die Stadt Lucca' berichtet: „‚Nichts in der Welt will rückwärts gehen', sagte mir eine alte Eidechse, ‚alles strebt vorwärts, und am Ende wird ein großes Naturavancement stattfinden. Die Steine werden Pflanzen, die Pflanzen werden Tiere, die Tiere werden Menschen und die Menschen werden Götter werden.'"

Daß wir heute wieder von Individuation sprechen, verdanken wir Margret S. Mahler (1968), die, wie schon erwähnt, mit ihren Büchern und der Gegenüberstellung von Symbiose und Individuation diesem Begriff neuen Wert verlieh. Der Begriff und das Phänomen Individuation definiert sich in ihren Schriften als der Wunsch nach Getrenntheit von dem ersten Liebesobjekt und der Wunsch der Loslösung aus der Fusion mit der Mutter. Individuation und Loslösung sind somit gleichbedeutend. Mit der Individuation wird das Bewußtsein der Getrenntheit erlangt, welches Vorbedingung für die Entwicklung der Objektbeziehungen und der Wahrnehmung der äußeren Realität ist. Die erste Individuation vollzieht sich nach M. Mahler bekanntlich in vier Loslösungs- und Individuationsphasen, die für gewöhnlich am Ende des 3. Lebenjahres durchschritten sind.

Auch wenn Mahler schreibt, daß diese Vorgänge niemals abgeschlossen werden, sondern sich in abgeschwächter Form in jeder Lebensphase wiederholen, finden wir eine Auseinandersetzung mit dem Phänomen Individuation, das auf den Trennungsaspekt begrenzt ist. Weiterhin geht sie von der Voraussetzung aus, daß es in der frühen Entwicklung so etwas wie eine autistische und symbiotische Phase gibt und daß die Symbiose, die Verschmelzung von Mutter und Säugling zu einem allmächtigen System, die der Individuation vorausgeht, das ursprüngliche Ereignis einer normalen Entwicklung bedeutet; eine Hypothese, die nach den Beobachtungen der Verhaltensforschung unhaltbar geworden ist (Stork 1986 a, 1988).

Warum der Begriff und das Phänomen Individuation in der Psychoanalyse so wenig Beachtung findet, wird vielleicht noch aus einer anderen Überlegung heraus verständlich. Trotz Freuds häufiger Versicherung, er vertrete keine monistische, sondern eine dualistische Weltanschauung, hat er in verschiedenen Teilen seines Werkes wie in „Der Dichter und das Phantasieren“ (1908, 216) die Ansicht geäußert: „Man darf wohl sagen, der Glückliche phantasiert nie, nur der Unbefriedigte. Unbefriedigte Wünsche sind die Triebkräfte der Phantasien und jede einzelne Phantasie ist eine Wunscherfüllung, eine Korrektur der unbefriedigten Wirklichkeit.“

Letzteres besagt eindeutig, daß der Wunsch nach Individuation sich nicht auf eine primäre Bestrebung des Menschen begründet, sondern erst von den frühen Versagungen ausgelöst entsteht. Ihm liegt die Freud'sche Überzeugung zugrunde (1920, 44): Die .... Entwicklung des Menschen scheint mir keiner anderen Erklärung zu bedürfen als die der Tiere ...

Mit diesen Überlegungen erhält die Frühzeitigkeit der Geburt, die Unfertigkeit des menschlichen Fötus und die damit einhergehende Hilflosigkeit und primäre Angst die Wichtigkeit, ein Phänomen hervorzubringen, welches das Überleben sicherstellt, das, wie gesagt, jedoch nicht primär angestrebt wird. Die ursprüngliche Dynamik der menschlichen Psyche kennt einzig eine elementare Bestrebung, nämlich mit dem Ziel auf eine primär narzißtische Vorstellungswelt – nach dem Nirwana – oder Trägheitsprinzip, was die Auslöschung des menschlichen Wunsches und die Vernichtung der Individualität bezeichnet; dem Konzept der Entropie oder des Wärmetodes vergleichbar. Eine zweite Strebung als elementarer Bestandteil und Träger des Prinzipes Hoffnung, die in die Zukunft weist und im einfachen Sinne auch Lebenstrieb zu nennen ist, bleibt unberücksichtigt. Diese Anschauung hat Freud bekanntlich veranlaßt zu schreiben (1920, 40): „Das Ziel alles Lebens ist der Tod, und zurückgreifend: Das Leblose war früher da als das Lebende." Ohne an dieser Stelle in eine Auseinandersetzung mit Freuds Ausführungen (1920, 42 ff) im Kapitel V von „Jenseits des Lustprinzips" treten zu können, würde eine solche Annahme einer Frage nach einem Trieb zur Höherentwicklung entsprechen, den er unumwunden ablehnt: „Ein Trieb wäre also ein dem belebten Organischen innewohnender Drang zur Wiederherstellung eines früheren Zustandes" (38).

Hierin drückt sich eine in der Psychoanalyse weitverbreitete Auffassung aus, die eine grundsätzliche Geisteshaltung genannt zu werden verdient. Es wäre ein leichtes, sie mehr oder weniger explizit bei vielen führenden Theoretikern nachzuweisen, so zum Beispiel auch bei Stoller (1975) und seiner Theorie der primären Weiblichkeit, auf die ich später noch eingehen werde. Oder es sei unter anderem kurz auf Pasche (1969, 227–42) und seine Arbeit über den Narzißmus und Anti-Narzißmus verwiesen, zu der Racamier (1980, 77 f) für ‚die Schizophrenen' erläuternd schreibt, daß diese Ausführungen Freuds Auslegungen fortsetzen, der zu dem Schluß kam, daß das Kleinkind die Objekte und die Realität nur gegen seinen Willen besetzt.

Lassen sie mich diese so tragische Perspektive des Menschen durch ein Zitat aus den Thesen ‚Über den Begriff der Geschichte' von Walter Benjamin (1942, 697f) veranschaulichen, der sich dabei keineswegs auf die Psychoanalyse beruft: „Es gibt ein Bild von Klee, das Angelus Novus heißt. Ein Engel ist darauf dargestellt, der aussieht, als wäre er im Begriff, sich von etwas zu entfernen, worauf er starrt. Seine Augen sind aufgerissen, sein Mund steht offen und seine Flügel sind ausgespannt. Der Engel der Geschichte muß so aussehen. Er hat das Antlitz der Vergangenheit zugewendet. Wo eine Kette von Begebenheit vor *uns* erscheint, da sieht *er* eine einzige Katastrophe, die unablässig Trümmer auf Trümmer häuft und sie ihm vor die Füße schleudert. Er möchte wohl verweilen, die Toten wecken und das Zerschlagene zusammenfügen. Aber ein Sturm weht vom Paradies her, der sich in seinen Flügeln verfangen hat und so stark ist, daß der Engel sie nicht mehr schließen kann. Dieser Sturm treibt ihn unaufhaltsam in die Zukunft, der er den Rücken kehrt, während der Trümmerhaufen vor ihm zum Himmel wächst. Das, was wir den Fortschritt nennen ist *dieser* Sturm."

Solche Bilder berühren uns tief in ihrer zauberhaften Poesie, auch wenn sie uns vor Angst erschaudern lassen, bei der Vorstellung, sie könnten wahr sein. Aus dieser Sicht scheint das, was wir als Individuation erleben, und als den Prozeß individuellen Werdens betrachten, ein Weggeblasen-Werden aus dem Paradies, im Anblick der Katastrophe, wobei auch die einzige Hoffnung auf Ausweg in Trümmer zerfällt. Die Unentrinnbarkeit und das Geworfensein sind Schicksal. Als einzig erstrebenswert – auch wenn ein unerreichbares und gefährliches Trugbild – bieten sich dar: Vergangenheit und phantasiertes Paradies.

Solche Bilder führen uns unmittelbar die Tragik des menschlichen Schicksals vor Augen und erinnern an die Aussage der griechischen Tragödie. Sie stellt das Leben dar als ein Geschehen, welches durch unser Handeln, zu welchem Tun wir immer uns entscheiden, zu unheilbarem Leid, Zerstörung und zu schließlicher Vernichtung führt. Im letzten Grund ist es wie im König Ödipus das Handeln, welches gegen die rechte Ordnung – das letzte Ideal der Wünsche, als der Ordnung der Welt – verstoßen läßt und die Schuldhaftigkeit hervorbringt.

Diese hehre Ordnung bliebe aber letztlich nur dann bestehen, wenn der Abfall des EINEN vom ALL verhindert und keine Individuation stattfinden würde. Dies aber hieße, daß uns keine Grenzen mehr vom ‚entsetzlichen' Liebesobjekt trennen und wir jede Garantie für eine eigene Existenz verlieren würden.

Bei allem Wert und aller Tragweite, die einer solchen Geisteshaltung zukommt, muß es dennoch erlaubt sein, Zweifel zu äußern und zum Beispiel zu fragen, ob diese Sichtweise sich nicht überwiegend aus einer Perspektive ableitet, die sich auf gewisse einseitige Betrachtungsweisen begründet. So könnte man gewiß einwenden:

Hat nicht der Psychoanalytiker vor allem mit jenen „Seelen" zu tun, „welchen nicht mehr die Vollendung und Ausgestaltung ihrer Selbst als Lebensziel erscheint, sondern ihre Auflösung, zurück zur Mutter, zurück zu Gott, zurück ins All" (Hesse, 1955, 54)? Ist er nicht unablässig damit beschäftigt, den dunklen Kräften aufzuspüren und sie zu bekämpfen, die die Fixierung an die unbewußten Phantasien der Vergangenheit aufrecht erhalten und einen Wiederholungszwang in Szene setzen, der keinen neuen individuellen Entwurf zuläßt oder diesen zur Unkenntnis verformt? So wäre es naheliegend, wenn der Psychoanalytiker dazu neigte, diesen regressiven Kräften übergroße Bedeutung einzuräumen und ihm der Blick verstellt wäre für dasjenige, was das Wort Individuation beinhaltet. Damit wäre die Vermutung wohl berechtigt, ob nicht die Psychoanalyse die Tragweite und die Bedeutung des Prinzips der Individuation verkennt, gerade indem sie in dessen Anerkennung sogleich eine Höherentwicklung und eine Göttlichmachung des Menschen durch die Hintertür zu sehen scheint.

Die erste Identifizierung, eine Projektion der Individuation

Als ich vor einiger Zeit mit Bruno Bettelheim über das Thema des diesjährigen Symposions sprach, war seine erste Reaktion eine mir völlig unerwartete: „Dazu fällt mir nichts ein!" War ich doch der Überzeugung gewesen, daß gerade Bettelheim, der in der Hemmung oder gar Unterdrückung der frühkindlichen Aktivität – und somit der frühen Individuation – den entscheidenden Faktor der Verursachung kindlicher Psychosen sieht, dies ein vielsagendes Thema ist. Nach einer Pause fügte Bettelheim dennoch nachdenklich hinzu: „Ich habe viele Jahre meines langen Lebens gebraucht, um mich von den Identifizierungen meiner Kindheit zu lösen."

Hiermit befinden wir uns mitten im Thema Identifizierung. Der Säugling ist gezwungen sich zu identifizieren, um seine Objektbeziehungen aufzubauen. Er hat zwar die Möglichkeit eine Wahl zu treffen, nämlich sich seiner Mutter oder seinem Vater oder nur einem von beiden zuzuwenden oder sich von ihnen abzuwenden, um sich zum Beispiel wie ein Autist einzig unbelebten Objekten zuzuwenden, die die Rolle von frühen Objektbeziehungen übernehmen, und mit deren Hilfe die Bewältigung der unsagbaren Angst erfolgt, dem Säuglinge ausgesetzt sein können. In der Regel jedoch kommt es zu einer ersten Form der Hinwendung zu Mutter oder Vater, einer ersten Form der Identifizierung, die im günstigen Falle in eine sekundäre und eigentliche Identifizierung mündet.

Was aber geschieht in diesem ersten Prozeß der innerpsychischen Hinwendung, die niemals nur eine Zuwendung sondern auch eine Abwendung beinhaltet (Stork, 1986 a). Das Konzept der Identifizierung ist schwierig zu durchmessen und läßt in Theorie und Praxis viele Fragen entstehen, die aufzugreifen meine Möglichkeiten übersteigt. Natürlich besteht in bezug auf unser Thema die berechtigte Frage, welche Formen von Identifizierung einer Individuation förderlich und welche hinderlich sind oder sie gar vereiteln können. Sie bleibt jedoch bei näherer Betrachtung recht vordergründig.

Aus Gründen des besseren Verständnisses will ich den Vorgang und die Entwicklung der ersten Identifizierung in kurzen Zügen nachzeichnen. Damit verfolge ich hauptsächlich die Absicht, in seinem Ablauf auf eine primitive Form erster Individuation aufmerksam zu machen; ein Geschehen, das für eine hinreichend günstige Entwicklung absolute Voraussetzung zu sein scheint, und das, soweit mir bekannt, bisher kaum Erwähnung fand.

Ich möchte mit einer allgemeinen Überlegung beginnen. Wenn Laplanche und Pontalis (1967, 220) schreiben – sich auf Freuds Wortwahl beziehend –, daß sich der Ausdruck Identifizierung in der Bedeutung des ‚Sich-Identifizieren' in seiner üblichen Verwendung mit einer ganzen Reihe von psychologischen Begriffen deckt, wie: Imitation, Einfühlung (Empathie), Sympathie, seelische Ansteckung, Projektion ... wird schon die Breite der Problemstellung sichtbar. Wir können heute jedoch nicht umhin, so scheint mir, noch neuere Begriffe hinzuzuziehen, um den Charakter des Phänomens Identifizierung zu durchleuchten. Ich denke an solche wie Verschmelzung, Fusion und Symbiose. Stoller (1975, 193) spricht sogar, sich auf Greenson beziehend, von einer primitiven Symbiose-Identifizierung. Aber auch die projektive und adhäsive Identifizierung (M. Klein, 1946 und D. Meltzer, 1975) fallen letztlich unter diesen Oberbegriff. Und was erstaunlich ist, es wird immer deutlicher, daß Begriffe wie Symbiose und projektive Identifizierung ein und denselben Sachverhalt zu beschreiben versuchen, wenn sie sich auch aus völlig unterschiedlichen theoretischen Konzeptionen heraus entwickelt haben und das psychische Geschehen aus einer anderen Perspektive betrachten.

Aus dieser Sichtweise läßt sich der Vorgang der Identifizierung unterteilen in einen solchen, den man als primär und narzißtisch betrachten kann und einen anderen, der sekundär und introjektiv genannt zu werden verdient (s. dazu z. B. Begoin, 1984).

Die primäre und narzißtische Identifizierung steht noch vollständig unter dem Diktat der unbewußten Phantasien. Dies besagt, daß sie noch in allen Einzelheiten und zutiefst geprägt ist von der Wucht narzißtischer Wünsche nach Allmacht und Vollkommenheit, sowie von den unvorstellbaren Ängsten, letztere zu verlieren und in Hilflosigkeit dazustehen. Daraus resultiert ein bemerkenswerter Vorgang, der erst das Überleben des psychischen Geschehens für den Säugling möglich macht. Die erste Identifizierung scheint in einem hauptsächlichen Moment nicht mit dem anderen zu erfolgen, mit der Mutter in der Regel, sondern mit den in die Mutter projizierten eigenen narzißtischen Wünschen, die auf diese Weise aktualisiert und reintrojiziert werden können. Mit diesem Geschehen erfährt die eigene Individualität einen ersten Existenzcharakter und seine erste Ausdrucksform, was natürlich, wie wir später sehen werden, sich nicht ohne eine mütterliche Person ereignen kann, und ohne deren liebevolle Zuneigung und Annahme die individuellen Regungen des Säuglings unmöglich wären.

Es scheinen nun gerade diese innerpsychischen Vorgänge zu sein, die die Grundlage für die mehr oder weniger enge Zwei-Einheit schaffen, die das Getrenntsein von Selbst und Nicht-Selbst, von Subjekt und Objekt, sowie die Unterscheidung von Innen und Außen wenigstens vorübergehend aufzuheben versuchen, mit der Absicht, eine Verwischung der Grenzen herbeizuführen. Die Aufrechterhaltung der Kontinuität primär-narzißtischer Wunschregungen und damit verbunden die übermächtige Kontrolle des Säuglings über die phantasmatische Situation seiner Innenwelt macht dieses notwendig und ist womöglich sogar die treibende Kraft, die ein solches Geschehen in Szene setzt. Nur auf diesem Wege kann die schwierige Aufgabe bewältigt und können eine Verminderung der Ängste und damit eine zunehmende Wahrnehmung der Unterschiede vollzogen werden, die es möglich machen, die Mutter als etwas anderes als sich selbst und als eigene Projektion zu erkennen; was, wie wir heute wissen, schon bald nach der Geburt der Fall ist, womit der Säugling zu einem äußerst frühzeitigen Augenblick konfrontiert ist.

Bei diesen frühen Entwicklungen scheint ausschlaggebend zu sein, daß die Kontinuität nicht zusammenbricht oder keine grundsätzlichen Löcher entstehen. Dies ist aber gleichbedeutend mit der Kontinuität der individuellen Existenzform, was nicht genügend Berücksichtigung findet; und was wohl nur schwer begrifflich faßbar ist. Die entscheidende Störung bei der Entstehung des individuellen Entwurfes mit Hilfe der Projektion und bei seiner Fortdauer geschieht in der Regel durch mächtige Übergriffe und Einmischungen von Seiten der Umwelt, worauf ich zurückkommen werde. Andererseits mag in diesen Ausführungen deutlich werden, daß diese Vorgänge sich eng mit dem verbinden, was wir mit den Begriffen projektive Identifizierung und Symbiose zu erfassen versuchen, auch wenn es nicht um die theoretischen Konzepte geht, die manche Schulen daraus ableiten.

Dieses Geschehen ereignet sich letztlich nach dem Grundprinzip, von dem uns Winnicott (1962) schreibt: In dem Prozeß der Identifizierung wird das Objekt für das Erleben des Säuglings erschaffen, nicht gefunden. Dennoch muß das Subjekt erst gefunden werden, und zur Verfügung stehen, damit es das Kind erschaffen kann. Der Säugling erschafft das Objekt, aber das Objekt war bereits früher da, um erschaffen und besetzt zu werden. Und Winnicotts Ausführungen fassen sich zusammen in dem auf den ersten Blick paradox klingenden Satz: Ein gutes Objekt nützt dem Säugling nichts, wenn es nicht von ihm erschaffen wurde. Der gleiche Sachverhalt drückt sich auch in dem von Lebovici herausgestellten Leitsatz für die frühe Entwicklung aus (1961,1970, 170): „Das Objekt ist besetzt bevor es eigentlich wahrgenommen wird."

Man mag einwenden, daß es sich dabei um äußerst archaische Teile der Persönlichkeit handelt, die in dieser frühen Zeit projiziert und reintrojiziert werden. Dazu muß bedacht werden, daß es gerade diese archaischen Anteile der Persönlichkeit sind, mit ihrer narzißtischen Ladung, auf die ein jeder sich sein ganzes Leben lang beruft, ein psychisches Leben sich begründet, die unerläßlichen Dinge, Kraft und Schaffensfreude zieht. Diese gutartige und unauffällige projektive Identifizierung hat einen narzißtischen Urgrund und mit ihm ein ursprüngliches individuelles Element zum Inhalt, die auf diesem Wege erstmals Existenzcharakter bekommen und zu denen uns das ganze Leben über der Weg nicht versperrt sein darf, auch wenn wir uns noch so weit von ihm entfernt haben.

Bion (1967) hat den Erkenntnissen dieser Zusammenhänge in diesem frühen psychischen Geschehen noch etwas Entscheidendes hinzugefügt, wenn er von der Aufgabe spricht, die der Mutter in diesem Prozeß zukommt. Er beschreibt, daß es die Aufgabe einer Mutter bedeutet, die in sie und ihre Brust projizierten archaischen Teile des Säuglings, die als unerträglich und bedrohlich beschrieben werden, wie in einem Behälter (container) aufzunehmen, um sie dort vor der Rückprojektion in das Kind gleichsam zu entgiften, d. h. einer Bearbeitung zu unterziehen – vergleichbar mit der eines Analytikers in der analytischen Situation. Auch Winnicott beschreibt diesen Vorgang in dem bekannten Aufsatz „Haß in der Gegenübertragung" (1947), wenn er ausführt: „Das Bemerkenswerteste an einer Mutter ist ihre Fähigkeit, sich von ihrem Baby so sehr verletzen zu lassen und so sehr zu hassen, ohne es dem Kind zu spüren zu geben, und ihre Fähigkeit, auf spätere Belohnungen zu warten, die eintreffen werden oder auch nicht."

Wird dieses nicht möglich, und ist die Mutter nicht fähig, die von dem Säugling in sie projizierten destruktiven und libidinösen Gefühlsregungen in sich aufzunehmen und zu verarbeiten, um sich sekundär mit dem Säugling identifizieren zu können, erfährt eine solche narzißtische Identifizierung eine Gegenbesetzung und eine entscheidende Beeinträchtigung. Die Folge sind Übergriffe und Einmischungen in der Form von Vereinnahmungen von seiten der Mutter, so daß die Entwicklung der individuellen Kontinuität entgleisen muß.

Die Analyse eines meiner Patienten mag für die Fehlentwicklung einer primären Identifizierung ein Beispiel sein; womöglich um so mehr, als die Mutter, zu der eine überaus enge Bindung bestand, im Laufe der Analyse, als der Patient sich zunehmend von ihr gelöst hatte, im mittleren Alter an Krebs verstarb. Herr K. kam nach einem ernsthaften Suizidversuch zu mir und litt an einem depressiven Zustandsbild, das es ihm nicht ermöglichte, sein Studium in Mineralogie zu absolvieren. Er hatte dieses Berufsziel ohne jegliches Interesse für das Fach gewählt, konnte vor der Prüfung nicht lernen und kam überhaupt mit jeder Anforderung, die an ihn gestellt wurde, oder die er sich stellte, nicht zurecht. Kurz: Ihm war ein jeglicher individueller Entwurf für sein Leben fremd oder vielmehr vollkommen unzugängig.

Herr K. war ein von seiner Mutter unehelich gewünschtes Kind. Seine Mutter weigerte sich sogar, seinen Vater als den Vater ihres Kindes anzuerkennen. Die Mutter hatte auch niemals wieder Kontakt zu einem anderen Mann aufgenommen, so daß der Sohn seit seiner Kindheit für die Mutter viele Aufgaben und Rollen zu übernehmen hatte und ihr ganzer Lebensinhalt wurde.

In der Psychoanalyse sollte sich herausstellen, daß H. K. in den unbewußten Phantasien seiner Mutter wie in einem Gefängnis lebte. Nur durch sie erfuhr er Freude und Existenzberechtigung. Jede Auflehnung in der Pubertät verpuffte schnell und jede Aggression gegenüber der Mutter konnte nur äußerst schuldhaft erlebt werden. Es ereignete sich verschiedentlich, daß er sich in seinen Träumen der Mutter als Liebhaber anbot, um auf diesem Wege verschuldetes Unrecht, oft nur eine geringfügige Unstimmigkeit, wieder gutzumachen. Mit dem Ende der Schulzeit und dem Beginn des Studiums von der Mutter getrennt, traten die beschriebenen Krankheitserscheinungen auf, die auf eine große Orientierungsunfähigkeit zurückgingen.

Einen Einblick in das innerpsychische Geschehen und seine Verstrikkung und Verklebung mit der Mutter mag folgende Sequenz aus der Analyse geben. Zu dem Zeitpunkt war ihm und mir schon wohlbekannt, was ich vorausgeschickt habe, und was als sein hauptsächliches Problem zu bezeichnen ist, welches einer Depression zugrunde lag. Herr K. kam in die Sitzung mit einer „Entdeckung", die in einer Zeichnung von F. K. Waechter bestand. Auch ich kannte diese Zeichnung. Sie stellt einen völlig ausgezehrten Hahn dar, der nach links fliegt und auf dem eine riesengroße Henne sitzt, die rund und fett das vielfache seines Gewichtes zu haben scheint. Unter der Zeichnung steht: „Denke immer daran, daß ich dich unter Schmerzen geboren habe."

Was hätte näher gelegen – wohl auch der Witz der Zeichnung – als daß mein Patient seine Mutter in der Henne wiedererkannt hätte, die auf ihm sitzend ihm alle seine Kräfte raubt und ihn an die Schmerzen erinnert, die seine Geburt hervorgerufen hat; was wohl bedeutet, daß sie von ihm die Anerkennung von ewiger Treue und Unterordnung wegen seines Auf-der Welt-Seins erwartet. Mein Patient jedoch kam mit einem völlig anderen Verständnis der Zeichnung. Er war der Überzeugung, daß er die Henne darstelle und auf dem Hahn, seiner Mutter, sich bis zu deren völliger Erschöpfung durch die Lüfte tragen lasse.

Diese Deutung mit einer fatalen Realitätsverkennung entsprach ein Jahr später übrigens einer Situation in Zusammenhang mit den Umständen um den Tod seiner Mutter. Herr K. war zur Weihnachtszeit nach Hause gekommen, aber hatte lange gezögert, ob er seiner Mutter diese Freude machen solle. Das Erstaunliche jedoch war, daß Herr K. während der 10 Tage, die er mit seiner Mutter verbrachte, nicht wahrnahm, daß sie zu einem Strich abgemagert und bei den Mahlzeiten kaum fähig war, etwas zu sich zu nehmen. Auch die Mutter hatte ihm übrigens nicht von ihrem schlechten Gesundheitszustand gesprochen. Kaum hatte er sie verlassen, um sein Studium wieder aufzunehmen, verfiel die Mutter in einen komatösen Zustand und wurde ins Krankenhaus gebracht, wo ein metastasierendes Dickdarmkarzinom diagnostiziert wurde. Sie starb 2 Tage später ohne wieder zu Bewußtsein zu kommen. Herr K., von dem Zustand seiner Mutter unterrichtet, reiste umgehend zurück, kaufte noch auf dem Bahnhof einen großen Strauß roter Rosen – wie für eine Geliebte und um Hochzeit zu feiern, assoziierte er. Daß die Mutter ihn und seine guten Absichten nicht mehr erkennen konnte, war für ihn eine große Kränkung: „... als ob sie ihm etwas angetan hätte".

Die kurze Sequenz aus der Analyse von Herrn K. mag zeigen, wie der Patient sich mit dem Verlust der Fähigkeit zur Individuation eingerichtet hat, und welcher Teufelskreis von Verstrickungen ihn in diesem Zustand gefangen hält.

In der Zeichnung ist er die Mutter und wiederum ist die Mutter auch er selbst. Ein solches Vexierspiel, das alle Grenzen verwischt, die Unterschiede der Geschlechtsidentität und der Generationsfolge ebenso auflöst, wie es das Inzesttabu inexistent macht, verschafft ihm unbewußt ein hohes Maß von Kontrolle über eine hochidealisierte Mutter-Imago. Letztlich wird sogar der Tod seiner Mutter zu einer Hochzeit, die schmerzliche Erfahrung ist ungeschehen; was die ganze Macht seiner unbewußten Phantasien demonstriert. In dem Prozeß der Übertragung zu mir kann er leichthin auf die äußere Abwesenheit seines Introjektes Mutter-Imago verzichten, und jede Form der Trauer umgehen.

Dennoch aber schützt ihn diese ausgeklügelte Abwehr letztlich nicht vor dem dumpfen Gefühl der Abhängigkeit von diesem Introjekt, mit dem er auf so vielerlei Weise verklebt ist. Mehr noch, er entgeht nicht dem Unbehangen, das sich besonders in seiner beruflichen Situation, aber quälender in seiner Unfähigkeit, seine Sexualität zu leben, äußert. Es verweist uns auf die Forderungen der ungelebten Individuation, die seinen individuellen Wünschen keinen Raum lassen. Diese können sich nur quasi explosionsartig in Form ungebändigter Aggressionen oder sogleich verarbeitet als tiefe Depression Ausdruck verschaffen. Ein solches Geschehen jedoch, gerichtet gegen die Mutter-Imago, kann über eine schwierige Schuldproblematik nur eine weitere und engere Verklebung bewirken und führt in einen Teufelskreis der Verstrickungen.

Den einzigen Ausweg aus diesem Wiederholungszwang stellt die Fähigkeit des Zugangs zu all den Formen der Identifizierung dar, die man als sekundär bezeichnen kann. Hier ist die Möglichkeit geschaffen, die Trennung von dem geliebten (narzißtischen und inzestuösen) Objekt wenigstens partiell zu ertragen, Verzicht zu leisten und Trauer um das verlorene Objekt zu empfinden. Das bedeutet einen Zugang zur Existenz der Vater-Imago (Stork 1986 b u. c), zur Realität und zu den real existierenden Objekten, zu Mutter und Vater als unabhängige und voneinander getrennt bestehende Personen. Dieser Vorgang aber ermöglicht erst, das geliebte Objekt ins Ich zu introjizieren und zum Wachstum des Ichs seine guten Aspekte zu assimilieren. Damit kann es zur Bildung eines ödipalen Über-Ichs und Ich-Ideals kommen, und kann sich die Fähigkeit der Symbolisierung des abwesenden guten Objektes gestalten.

Vom Wesentlichen der Individuation

Welche Mühe habe ich mit den folgenden Zeilen und der Überschrift gehabt. Wie oft habe ich meine Gedanken verworfen und wieder von vorne begonnen. Welche Überwindung hat es mich gekostet und welch Zögern und Zaudern, dieses Wenige niederzuschreiben. Dabei quälte mich auf verschiedenste Weise der Gedanke, ob es nicht überheblich und anmaßend klingen müsse, wenn ich mir das Recht nehme, etwas Wesentliches, etwas über das Wesen der Individuation aussagen zu wollen. Mit diesen Kümmernissen nun aber befinde ich mich mitten in dem Problem und im eigentlichen Konflikt, der die Individuation auszeichnet: Der Wunsch, etwas Originelles beizutragen, wird zur Hybris und zur schuldhaften Tat. Denn widerspreche ich damit nicht und wende ich mich nicht ab von verehrten Lehrern und Freunden, denen ich zu tiefem Dank verpflichtet bin – mir in den Rätseln dieser Welt und der Psychoanalyse Weg und Orientierung gewiesen zu haben?

So enthält mein Wunsch, über das Phänomen der Individuation etwas Ungesagtes und Unentdecktes beizutragen, das mich beschäftigt, und über das nachzudenken ich anregen möchte, einen Gegen-Wunsch, der mich in die Reihe der Schweigenden zurückbringen soll und benötigt ein ‚Dennoch', wenn ich überhaupt meine Meinung zu artikulieren wage.

Der zentrale Punkt meiner Reflexion kreist um das menschliche Bedürfnis, das wir wohl auch eine Notwendigkeit eines jeden Menschen nennen können, sich als besonders und unverwechselbar zu erleben und sich damit von den anderen zu unterscheiden. Allgemein steht der Begriff Individuum und individuell für dieses Bestreben des Menschen, für die Freude und das Recht auf Individuation, auf Entfaltung der eigenen Individualität, wie auch das Leid und das Schicksal, welches mit ihm verbunden ist. Dies scheint mir nicht dasselbe wie der Wunsch einzigartig, allmächtig und vollkommen zu sein. Er ist auch nicht vergleichbar mit der Gier des Menschen nach Glück und dem unersättlichen Mehr, das sich auf alles auszudehnen vermag. Und auch, wenn das Eine in das Andere spielt, das Zweite vom Ersten nicht so einfach getrennt existiert, gibt es deutliche Unterschiede. Damit will ich nicht leugnen, daß womöglich die Frage berechtigt ist, ob nicht sogar das Individuelle, wie ich es hier herausstelle, ein Teilaspekt des Narzißtischen im Menschen ist, und sich ihm subsumieren läßt. Es scheint überhaupt so zu sein, daß sich der Begriff des primären Narzißmus unendlich dehnen läßt. Auch wenn ich dem Problem des Unterschiedes von Narzißtischem und Individuellem an der Stelle nicht nachgehen kann, sei bemerkt, daß doch wohl jedwedes psychische Geschehen die Prägung des primären Narzißmus trägt. Die Frage ist einzig, welche Bearbeitung und welchen Grad von Entwicklung seine Ausdrucksformen gefunden haben oder in welchem Maße er nutzbar gemacht werden kann. Ich möchte zeigen, daß analog dem Narzißtischen die Dimension der Individuation inhärent zur menschlichen Natur gehört. Und es wird sich herausstellen, daß bei dieser Betrachtungsweise Narzißmus und Individuation in ein entscheidendes Gegensatzverhältnis geraten, das man einen Urkonflikt zu nennen womöglich berechtigt ist.

Um mich verständlich zu machen, möchte ich die Gelegenheit ergreifen und ein kleines Büchlein von André Gide ausgraben, das in rechte Vergessenheit geraten ist. Es heißt: ‚Le Prométhée mal enchaîné‘ oder ‚Der schlecht gefesselte Prometheus‘. Es ist meine Überzeugung und ich werde damit wohl auf wenig Widerstand stoßen, daß überhaupt Prometheus, der dem Menschen das Feuer und damit das Bewußtsein der individuellen Existenz und des personalen Todes brachte, den Helden der griechischen Mythologie darstellt, der die erste Individuation verkörperte und der ganz allgemein für das Prinzip der Individuation steht.

Ich werde Gelegenheit finden, darauf an anderer Stelle noch detaillierter einzugehen.

Dieses seltsame wie faszinierende Büchlein von Gide berichtet uns von Prometheus, der direkt vom Kaukasus kommt, den Boulevard hinunterspaziert, der von der Madeleine zur Oper, von Hellas in unsere Zeit führt und sich fragt, als er all die verschiedenen Pariser Persönlichkeiten erblickt: ‚Wo nur gehen sie hin?' Als er diese Frage einem Ober eines Caféhauses stellt, bekommt er zur Antwort: ‚Da sie jeden Tag vorbeigehen, wird es wohl sein, weil sie nicht gefunden haben,' ‚Was aber suchen sie?' will Prometheus wissen, und der Ober antwortet: ‚Da sie nicht bleiben, ist es wohl nicht das Glück. Das was sie suchen ist ihre Persönlichkeit, ihre ganz persönliche Besonderheit und Eigenart' (idiosyncrasie).

Gide beabsichtigte mit diesem 1899 geschriebenen Dialog gewiß nicht Freud zu widersprechen und das Primat des Lustprinzips in Frage zu stellen; wenn er zu diesem Zeitpunkt überhaupt schon Freud gekannt hat, der wiederum erst 1900 in „Die Traumdeutung" sich ausführlicher über dieses Thema ausläßt.

Grundsätzlich geht es wohl auch nicht um ein Entweder-Oder, sondern ein Sowohl-Als-auch und um eine Bereicherung unseres Verständnisses vom Menschen. In diesem Sinne lenkt der kurze, beinahe unscheinbare Dialog die Aufmerksamkeit auf unser Thema und betont, von welch großer Bedeutung es für einen Menschen ist, etwas Individuelles zu sein und zu haben, sich von den anderen zu unterscheiden, originell, unverwechselbar, besonders zu sein, wie man sich auch immer ausdrücken mag.

Die Art, wie wir Menschen uns kleiden oder Dinge bevorzugen oder gar sammeln und dabei solch großen Wert darauf legen, zumindest im Detail, etwas uns Gemäßes zu finden, was hauptsächlich dadurch definiert ist, daß man nur selber es hat, es nur einem allein gehört – oder das ganze Gegenteil: als ob solche Dinge uns völlig gleichgültig lassen würden – gibt ein offenkundiges Beispiel für dieses Phänomen. Wir sind gewohnt, diese Gefühle leicht als Eitelkeiten abzutun, die nicht sein sollten oder dürften; als Egoismen oder eine Laune der Natur ...

In besonderem Maße ist es auch der Neid, der von diesen Bedürfnissen Zeugnis gibt. Der Wunsch, den anderen neidisch zu machen und nicht selber neidisch zu sein, sind deutliche Ausdrucksformen für dieses Verlangen, dieser Suche nach Selbstentfaltung und Individuation. Es ist oft auch das Gefühl des Neides in der Form der Angst vor dem Neid des Anderen, welches uns veranlaßt, den Wunsch nach etwas Charakteristischem nicht hervorzukehren, ihn nur diskret, quasi versteckt und heimlich zu pflegen. Das Schamgefühl vor diesen so individuellen Dingen, die wir oft behandeln, als ob es sich um etwas extrem Indiskretes handelt, veranlaßt uns in der Allgemeinheit und der Menge unterzugehen, um nur nicht aufzufallen, sich nicht hervorzutun.

Schamgefühl, Neid und Angst vor verletzter Eitelkeit sind es oft, die diese Wünsche nach etwas Besonderem und Einzigem die verstecktesten Formen annehmen läßt, manchmal als merkwürdige Angewohnheit abgetan, einer Marotte, einer Laune ähnlich behandelt zu werden. Wieder andere Menschen tragen mit Stolz bestimmte Sonderheiten und Eigentümlichkeiten zur Schau, meist nicht ohne sich bei jeder Gelegenheit derer rechtfertigen zu müssen und damit zu verraten, wie schwer es ihnen fällt, zu dem Zug eines individuellen Ausdrucks zu stehen. Wir erstreben zwar, dieses Etwas mit dem Bewußtsein vom eigenen Wert und mit Würde zu tragen, aber wie schwer will es uns wahrhaft gelingen.

Was wir auf diese Weise von dem Wunsch nach Individuation sehen, ist ein Zeichen, vergleichbar der Spitze eines Eisberges, die etwas Mächtiges und Gewichtiges verbirgt. Wie bedeutsam dieses Etwas, dieser kaum angedeutete Ausdruck eines individuellen Wunsches in Wirklichkeit ist, zeigen die Opfer, die ein Mensch auf sich nehmen kann, um dieses Etwas zu seinem Besitz zu rechnen und läßt die Gewalt und Aggression ahnen, die sich entladen kann, wenn dieses gewisse Etwas in Gefahr ist, verloren zu gehen. Beide lassen darauf schließen, daß nichts weniger als tiefe Ängste und existentielle Bedrohung entstehen, wenn diese Besonderheit in Frage gestellt ist. Kein Lebensalter setzt das Wesentliche der Individuation besser in Szene als die Pubertät. Die Notwendigkeit zum rückhaltlosen Bekenntnis zu sich selbst, zu seinen Eigenarten und zu seiner Sicht der Dinge, wird in dieser Zeit oft zu einer absoluten Existenzfrage.

Dabei geht es um den Besitz von etwas Charakteristischem. Dies wiederum beinhaltet die Gestaltgebung des Charakters, was wohl heißen mag, eine Form von Merkmalen der Eigenarten und Eigenartigkeiten eines Menschen, die ihn als Einzelwesen von anderen Menschen wesentlich unterscheidet. Einbezogen in diesen Vorgang ist obendrein die Suche nach der Echtheit, dem echten Gefühl, der echten Haltung, und die Vermeidung des Unechten und Falschen definiert entschieden die Suche nach dem individuellen Wunsch.

Der Wunsch nach Individuation, nach einer originellen Selbstentfaltung tritt bei psychisch kranken Menschen überdeutlich hervor. Die fortwährende Angst, sich selber und die eigene Besonderheit in den verschiedensten Formen bedroht zu sehen, ist ihnen allgegenwärtig. Hinzu kommt gewöhnlich der Kampf, zumeist ein verzweifeltes Ringen gegen innere und äußere Kräfte, um nur ein wenig die eigene Person, die eigene Ansicht, und sei sie noch so abwegig, zu retten. Hieraus kann auch das werden, was die Psychiatrie fixe oder überwertige Ideen nennt, und meiner Erfahrung nach ist so mancher Wahn ein ins letzte verstiegener Versuch, etwas Persönliches zu retten. Es geht um das Beharren auf etwas Eigenständigem und Einmaligem, welches den Existenzgrund der Persönlichkeit bildet. Erst die Psychoanalyse hat uns verstehen gelehrt, daß auch eine überwertige Idee wie ein Wahn, keine bloßen Hirngespinste oder gar verrückt spielende Hirnzellen sind, sondern einen fest umrissenen und bedeutenden Inhalt aus der Lebensgeschichte aufgreift, der von zentraler Wichtigkeit wird.

Das Individuelle aber ist dem Menschen schon mit der Biologie vorgegeben. Uns allen ist offenkundig, daß sich nämlich ein jeder Mensch auf das deutlichste vom anderen unterscheidet und zwar durch seine Gesichtszüge, wie durch seinen Körperbau, seine Haltung und sein Verhalten. Die chromosomale Doppelspirale, bestehend aus der Kombination des einfachen Chromosomensatzes von Vater und Mutter, bestimmt letztlich den Genotyp, aus dem sich das phänotypische Erscheinungsbild ableitet. Auf der Ebene der biologischen Gegebenheiten kann dieser Umstand leichthin als ein Naturgesetz von der größtmöglichen Unterschiedlichkeit der Menschen untereinander verstanden werden. Die Angst aber versteckt auch die Lust, die aufkommt, wenn die Vorstellung entsteht, diese Gesetzmäßigkeit könnte eine Ausnahme erfahren, hat in dem Thema des Doppelgängers in der Literatur häufig Niederschlag gefunden und es wäre gewiß lohnenswert, diesem Problem im Zusammenhang mit dem Phänomen der Individuation nachzugehen.

In diesem Zusammenhang ist auch die wenig diskutierte Tatsache von Bedeutung, daß nämlich schon der Embryo sogleich nach der Eiimplantation, wie später der Fötus, vom mütterlichen Körper wie ein Fremdkörper, ein zu tötendes, gefährliches Eindringsel, einem feindlichen Erreger ähnlich, betrachtet wird. Auf gleiche Weise übrigens reagiert der Embryo, wenn auch mit einer gewissen Verzögerung. Ein hochdifferenziertes und unendlich ausgeklügeltes System von Verteidigungsstrategien ist, wie wir heute in vielen Einzelheiten wissen, notwendig, damit die gegenseitigen „Killereinheiten" des immunbiologischen Apparates von Kind und Mutter nicht zur Tötung des Embryos führen, und damit das Überleben garantiert wird; was wie eine gigantische Verschwendung der Natur anmuten mag. Dieser Sachverhalt besagt, daß auf biologischer Ebene und mit der Nidation zwischen Mutter und dem sich einnistenden neuen Lebewesen auf beiden Seiten ein biologisches Geschehen in Gang kommt, welches gegenseitige Angriffe bis hin zur Zerstörung ebenso beinhaltet, wie im Normalfall Hemmung und Gegenmobilisierung von hochkomplizierten Kräften, die eine Neutralisierung und eine Duldung der Schwangerschaft herbeiführen. Hier treffen wir also auf eine Gegebenheit, die an die chromosomale Individuation als einer biologischen Tatsache gebunden ist. Sie vergegenwärtigt uns etwas vollkommen Neues, nämlich einen dynamischen Prozeß, der gar nicht zusammenpaßt mit den Vorstellungen von einem glücklichen Fötus in der geborgenen Einheit mit seiner Mutter. Im völligen Gegenteil dazu führt er uns einen Tatbestand vor Augen, der besagt, daß zwischen Mutter und Kind von dem frühesten Anfang an (und verursacht durch den chromosomalen Anteil des Vaters) ein inhärenter und ursprünglicher Konflikt existiert, dem ein immenses Potential zukommt – übrigens auf das Täuschendste vergleichbar mit den Gefühlsregungen zwischen Mutter und Kind nach der Geburt, die uns Winnicott (1949) in dem weiter oben schon zitierten Aufsatz zu erkennen geholfen hat.

Nach vielen detaillierten Erfahrungen, u. a. der psychosomatischen Medizin, kann es heute als eine erwiesene Tatsache angesehen werden, daß zwischen Psyche und Soma eine enge Wechselwirkung besteht. Dies könnte auf das angesprochene Problem hin besagen, daß die biologischen Vorgänge nicht ohne Einfluß auf das später sich gestaltende psychische Geschehen sind. Damit würden wir – dies sei natürlich mit großem Vorbehalt und aller Vorsicht gesagt – im Biologischen das Modell oder zumindest den Vorläufer späterer Notwendigkeit zur Individuation beschreiben können, wie wir sie auf psychischem Niveau beim Menschen kennen.

Die Theorie über den Narzißmus von Béla Grunberger basiert bekanntlich u. a. ebenfalls auf der Wechselwirkung somatischer und psychischer Abläufe. So schreibt er (1971, 28): „Der Fötus ist wirklich allmächtig und souverän (in seinem Universum, das für ihn mit dem Universum schlechthin verschwimmt); er ist autonom und kennt nichts anderes als sich selbst. ... Sein Wertgefühl kommt wahrscheinlich nach einer Überbesetzung, d. h. einer narzißtischen Hypertrophie, die sich anschließend auf eine Art Megalomanie strukturiert und deren ganz natürliche Umformung darstellt. ... Der Fötus kennt weder das eine noch das andere: „Ich bin, der ich bin!"

Grunberger vertritt damit die Anschauung, daß das Streben des Menschen nach höchster Harmonie, Allmacht und Vollkommenheit, welches in dem Phantasma der Verwirklichung einer paradiesischen Welt gipfelt, kein Ergebnis der Phantasie darstellt, sondern sich ins Intrauterin-Leben des Fötus zurückverfolgen läßt und dort realiter erlebt wurde. Er kann sich bekanntlich auf die Mythologie, die Religionsgeschichte und die Literatur berufen, die den Ort dieser paradiesischen Vorstellungen im Mutterleib und im vorgeburtlichen Leben festmachen.

Wenn wir die immunbiologischen Vorgänge in unsere Überlegungen einbeziehen, können wohl Vorstellungen, die den Ursprung des primären Narzißmus von dem realen Vorhandensein eines elationellen Zustandes im Mutterleib (Grunberger 1971) abhängig machen, schwerlich aufrecht erhalten und Phantasien dieser Art müßten als nachträgliche Projektionen verstanden werden. Dieser Umstand schmälert jedoch keineswegs die immense Bedeutung des Konzeptes des primären Narzißmus. Der Zugang zu einer Dimension, die ich einfach als diejenige des Paradiesischen kennzeichnen möchte, und der, wie wir aus der Psychopathologie kennen, oftmals durch zerstörerische Potenz verlegt ist, schafft eine Öffnung und damit eine Hoffnung für den Menschen, die unabdingbar ist, und wie sollte uns gelingen zu ertragen dasjenige Ereignis, was wir den Tod nennen, wenn nicht auf diesem Wege und über diese Vermittlung – versprechen uns nicht bezeichnenderweise viele Religionen das Paradies um den Preis des Todes. Vielleicht wäre es jedoch lohnenswert, nicht nur einseitig von dem letztlichen Ziel der primärnarzißtischen Wünsche zu sprechen, sondern gleichermaßen die Notwendigkeit der Gegenbesetzung zu beachten, mit denen sie ohne Ausnahme einhergehen; ein Vorgehen, welches uns oftmals mehr über die Realität verrät, als die verabsolutierte Gerichtetheit. Ich erinnere nur pauschal an den Baum der Erkenntnis in der Genesis, ohne den der Baum des ewigen Lebens gegenstandslos würde; ebenso an den Ritter Tannhäuser, wie ihn uns H. Heine (1835–37, 692–703) als beredtes Beispiel dieses rudimentären Strebens und Wider-Strebens in „Elementargeister" beschreibt.

Diese Ausführungen, die das individuelle Erleben ebenso wie biologische Gegebenheiten betreffen, unterstreichen die Existenz und die Wichtigkeit des Phänomens Individuation für die Fähigkeit und Möglichkeit einer Bewältigung der Aufgaben des Lebens. Sie geben darüberhinaus reichhaltigen Anlaß zu der Annahme, daß ein primäres Streben nach Individuation, ein Streben also, das ursprünglich vorhanden ist und nicht erst seine Enstehung frühen Versagungen verdankt, keine abwegige Hypothese ist. Über das Wesen der Individuation geben uns jedoch noch zwei weitere Eigenschaften Auskunft, die die Folge eines solchen Strebens ebenso sind wie sie unauflösbar mit ihm verknüpft zu sein scheinen: die Aggression und die Schuldgefühle.

Der Mensch lebt sein Dasein als Einzelwesen und verkörpert damit eine geschlossene und ungeteilte Einheit. Diese Erkenntnis ist augenfällig und unmittelbar gegeben und täuscht leicht über die Tatsache hinweg, daß die Individualität des Menschen kein Zustand darstellt, sondern vielmehr ein Vorgang ist, der sich dauernd in Bewegung befindet. Das agens movens wird durch den Umstand geschaffen, daß die Individuation niemals Sein ist, sondern dem Sein gegenüber- und entgegensteht und immer Werden bedeutet. Damit wohnt dem Wunsch nach

Individuation in seinem tiefsten Wesen der Drang nach Unruhe, Dissonanz, Verneinung und Auflehnung inne; in diesem Zusammenhang von primärer Aggressivität zu sprechen, ist nur eine Frage der Definition.

Es wäre jedoch grundlegend falsch und irreführend, wenn wir annehmen würden, daß sich die Individuation durch die Eigenschaft der Dissonanz definiert, Verneinung und Auflehnung zu der Individuation ebenso grundsätzlich gehörten, wie die ewige Schönheit zu der Zeustochter Helena. Die Dissonanz entsteht durch einen Prozeß dauernder Bewegung und ist ein unaufhörlicher Versuch eines jeden Menschen, wie übrigens ebenfalls einer jeden Generation, etwas Eigenes, Originelles, Unverwechselbares zu sein und zu schaffen. Sie definiert sich damit letztlich erst dadurch, daß sie gegen eine Macht gerichtet ist, die ihr verwehren will, anders zu sein. Somit ist diese Unruhe, Auflehnung und Dissonanz im Erleben – was wir an Adoleszenten leicht nachvollziehen können – unterdrückte Subjektivität, Kampf gegen Unwahrhaftigkeit, Unfreiheit und letztlich den Tod.

So definiert sich Individuation ganz entscheidend dadurch, wogegen sie sich auflehnt und ihr Versuch der Absonderung, der Überwindung, der Selbstentfaltung, bleibt immer verknüpft mit dem Ursprung. Es ist auch diese Verwurzelung im ewigen Sein, wie die Philosophen gesagt haben, die die Dissonanz auf tragische Weise mit Schuldgefühlen behaftet, was auch als eine Gegensteuerung und Wiedergutmachung verstanden werden mag.

Arthur Koestler (1978) schreibt in einem eigenwilligen Aufsatz: „Man könne die Geschichte der Kunst als eine Geschichte des Kampfes schreiben, den der Künstler gegen die abstumpfende Wirkung der Sättigung führt. Es ist nicht seine Schuld, daß dieser Kampf aussichtslos ist." In diesen Worten ist aus einer anderen Perspektive gerade diese Bewegung gemeint. Die Kunst wird nicht nur als ein Versuch zur Bewältigung von Depression und Resignation begriffen, sondern der künstlerische Schöpfungsakt stellt das Paradigma der Gestaltgebung der Individuation dar; auch wenn er letzten Endes niemals endgültig ist. In der Folge solcher Überlegungen wird zu einer Quintessenz der Individuation: ‚das Sprengen der Ordnung' ebenso wie ‚die Suche nach Neuem' und ‚die Schaffung des Wahrhaftigen', so subjektiv ein solches Verlangen bei näherer

Betrachtung uns auch erscheinen mag. Dabei geht es um die Suche nach etwas Unbekanntem, Noch-nicht-Bekanntem, aber um so Begehrenswerterem. Daß es letztlich neue Lösungen für alte Rätsel und neue Erkenntnisse und Gestaltwerdung alter Geheimnisse sind, führt uns zurück auf die Tragik, die jedem individuellen Entwurf anhaftet.

Es wird die Schuldfrage zu einer tragischen Schuld des Menschen und es gilt nicht nur was ich eingangs aus der Philosophie erwähnte, daß in tieferen Schichten die Individuation immer eine Aussonderung aus dem Allgemeinen und damit eine Loslösung vom Urgrund und ein Lossagen vom Sein, ein Abfall von dem Einen, von Gott ist. Es gilt auch, daß es einen Prometheus ohne seinen Adler nicht gibt und es wäre nicht schwer aufzuzeigen, daß sich in allen Schöpfungsmythen, die uns die Mythologen gesammelt haben und in denen es um den Ursprung des Menschen geht, der Held, der diese Loslösung des Menschen vollzog, sich selbst und den Menschen für diese Tat den Tod einhandelt.

Wie soll es bei einer solch bitteren Medizin ausbleiben, daß die Bewegung der Individuation äußerst mächtige Gegenkräfte mobilisiert, die Nietzsche (1890/71, 52f) meisterhaft als den Zauber des Dionysischen beschreibt. Er hält uns die wonnevolle Verzückung vor Augen, in der die Steigerung des Subjektiven zu völliger Selbstvergessenheit hinschwindet, „sich das Band zwischen Mensch und Mensch wieder zusammenschließt und auch die entfremdete feindliche oder unterjochte Natur wieder ihr Versöhnungsfest mit dem verlorenen Sohn Mensch feiert. Wie jetzt die Thiere reden und die Erde Milch und Honig gibt, so tönt auch aus ihm etwas Übernatürliches: als Gott fühlt er sich, er selbst wandelt jetzt so verzückt und erhoben, wie er die Götter im Traume wandeln sah." „... als rauschvolle Wirklichkeit, die wiederum des Einzelnen nicht achtet, sondern sogar das Individuum zu vernichten und durch eine mystische Einheitsempfindung zu erlösen sucht."

Ein ursprünglicher Konflikt

Das Phänomen der Individuation stellt sich nach diesen Ausführungen als ein zentrales psychisches Geschehen dar, das die Fähigkeit der Verwirklichung der eigenen Existenz und der Entfaltung der Persönlichkeit hervorbringt und begründet.

Das zentrale Streben, der Kern des Phänomens, scheint sich in dem mit der Kraft der Notwendigkeit vorgebrachten Wunsch Ausdruck zu verschaffen: ein Individuum und etwas Individuelles zu sein; was besagt – sich einzeln und originell, unverwechselbar und unersetzbar zu erleben; sich von dem Anderen zu unterscheiden, eine eigene Meinung zu haben, andere Dinge zu lieben oder zu hassen, gehört und ernstgenommen zu werden ...

Das Bemerkenswerte jedoch besteht in der Tatsache: Auch wenn dieses zentrale Streben nach Individuation für den Menschen eine unabdingbare Gegebenheit ist – sowohl in seiner Natur verankert, als auch in den Grundrechten des Menschen verbrieft – so lebt der Mensch dauernd in der Angst, seine Individualität könnte ihm verlorengehen, was immer der Bedrohung der eigenen Existenz gleichkommt. Ich denke in diesem Falle nicht an das, was am nächsten läge, nämlich die Bedrohung der individuellen Selbstverwirklichung durch äußere Einflüsse aus der Umwelt. Sie ist eine der ernstesten Probleme der Menschheit. Unzweifelbar bedeutet es eine großartige Errungenschaft, daß für die Staaten unserer Gesellschaftsordnung die Aufrechterhaltung der Rechte von Freiheit und Gleichberechtigung für den Einzelnen ein oberstes Gebot darstellt, das zu verwirklichen immer von Neuem große Anstrengungen kostet, und nur selten in dem Maße gelingt, wie wir es uns wünschen würden.

Ich spreche in diesem Zusammenhang jedoch von etwas völlig anderem. Dies besteht in der erstaunlichen Erkenntnis, daß ebenfalls eine innere Kraft existiert, die sich der Individuation und deren Wünschen entgegenstellt und die für deren Bedrohung verantwortlich ist. Ich werde sogleich darauf zurückkommen.

Das Streben nach Individualität verbirgt jedoch noch eine weitere Dimension, die die Individuation erst zu etwas charekteristisch Menschlichem macht. Ich denke an das stetige Suchen des Menschen nach seiner Subjektivität und deren Anerkennung. Damit meine ich ein Suchen, das sich auf die Zukunft richtet, das als ein Suchen nach Neuem, nach dem Echten und Wahrhaftigen, dem Unbekannten und Geheimnisvollen beschrieben werden kann. Wenn wir das Wort Selbstverwirklichung gebrauchen, meinen wir gerade diesen Sachverhalt. Man kann aber nicht umhin zu bemerken, wie abgegriffen und schal alle Begriffe erscheinen, mit denen ich diese Dimension des Individuellen zu beschreiben versuche. Dieser Umstand scheint seinen Ursprung in der Tatsache zu haben, daß diese Ziele zu den lauthals verkündeten Werten unserer Gesellschaft gehören, in dieser Form jedoch jegliche Bedeutung verlieren und äußerst fragwürdig werden.

Die Dimension, von der ich zu sprechen versuche, wird uns in ihrem Wesen leichter zugängig und einsichtig, wenn Sie mir dahingehend folgen und in der Schöpfung des Künstlers ein Paradigma dieser Vorgänge zu sehen vermögen. Die Kunst erschöpft sich nicht in der Schaffung von Schönheit, wie wir seit längerer Zeit wissen. Was jeden Künstler, der diesen Namen verdient, letztlich beschäftigt, auch wenn er wie Paolo Uccello vorgibt, eigentlich nur die Perspektive zu suchen, ist die quälende Suche nach einem subjektiven Ausdruck, die Suche nach etwas Neuem und Unverfälschtem, das seiner Sicht der Dinge entspricht. Deren Verwirklichung beinhaltet im wesentlichen das Sprengen von Ordnungen, um das Gestaltwerden von neuen Ordnungen freizusetzen. Hierbei scheint wiederum nicht das Gefundene, die neue Ordnung, das entscheidende Moment, sondern die Entdeckung der Möglichkeit einer Öffnung, um weiter hoffen und leben zu können.

Auf seiner Kehrseite bleibt der Wunsch nach Individuation ohne die Bewegung unverständlich, in die er wie eingebettet ist. In diesem Sinne ist er nicht denkbar ohne eine Kraft, die ihm diametral entgegensteht und gegen die jede Individuation sich durchzusetzen und zu verwirklichen hat. Ich meine, daß dieser Umstand dazu Anlaß gibt, hierin einen ursprünglichen Konflikt der menschlichen Psyche zu sehen, wie ich dieses Thema schon an verschiedenen Stellen meiner Ausführungen aufgegriffen habe. Diese Kraft oder vielmehr Gegenkraft läßt sich einerseits in der Umwelt lokalisieren und tritt uns entgegen als die Selbstverständlichkeiten einer Gesellschaft oder als das Bestehende und Überkommene einer Tradition und Kultur, die sich gleich einem Widersacher dem individuellen Entwurf, und somit einer neuen Denkweise, zumeist als die Ordnung zerstörend und als chaotisch erlebt, widersetzen. Andererseits ist diese Gegenkraft schon mit Beginn des Lebens als eine der Individuation gegensätzliche Bestrebung vorhanden und stützt sich auf die frühen Identifizierungen mit den ersten Liebesobjekten, durch die sie erst Gestalt und Inhalt annehmen. Letzten Endes handelt es sich aber um eine ursprüngliche innerpsychische Strebung, als eine Gegenkraft zur Individuation, die zu unbedingter Einheit und absoluter Harmonie drängt und die das All und das Allgemeine zum Wertmaßstab aller Dinge erhebt. Die Verwirklichung dieser Verlockungen, denn nur um solche handelt es sich, geht mit dem erklärten Ziel der Auslöschung der Individuation einher.

Diese Ausführungen würden nahelegen, daß der aufgezeigte ursprüngliche Konflikt psychischen Geschehens letztlich in der Auseinandersetzung der Bestrebungen der Individuation mit denjenigen des primären Narzißmus besteht. Erst im Zusammenspiel von beiden, würden sich die verschiedenen Lebensformen herauskristallisieren und würde eine Verarbeitung der Aggression und der Schuldgefühle erfolgen.

Dies scheint jedoch nur die halbe Wahrheit insofern, als für den primären Narzißmus die frühen Identifizierungen als Mittler ins Spiel kommen d. h. letzterer nur über ein Beziehungsgeflecht existent wird. Mir scheint in diesem Zusammenhang die Frage berechtigt, ob der primäre Narzißmus überhaupt außerhalb einer Bindung an ein Objekt erlebnisfähig ist. Oder anders gefragt: Ob das psychische Geschehen, welches wir mit dem Begriff des primären Narzißmus bezeichnen, völlig losgelöst von der Identifizierung mit einer archaischen und idealisierten Mutter-Imago in unserem psychischen Apparat existent werden kann oder eigentlich ein Abstraktionsprodukt unseres Denkens darstellt. Diese Überlegungen besagen, daß der ursprüngliche Konflikt, von dem hier die Rede ist, auf der Ebene der Beziehungen sich zwischen Individuation und Identifizierung ereignet und somit unauflösbar verknüpft ist mit Aggression und Schuldgefühlen gegenüber den primären Liebesobjekten; vornehmlich gegenüber der archaischen Mutterimago, die man als eine hohe Priesterin der absoluten Harmonie bezeichnen könnte. Erst die Verneinung der verheißungsvollen Harmonie als entscheidendes Element, kann der Kraft der Individuation Existenz geben, eine Perspektive in die Zukunft eröffnen und einen Zugang zum Prinzip Hoffnung ermöglichen. Daß bei diesem Geschehen der Möglichkeit der Wiedergutmachung von begangener Aggression und Schuld der Platz eines wegweisenden Momentes zukommt, kann uns die Kunst, als Paradigma der Bewegung der Individuation verstanden, in vielfältiger Weise vor Augen führen.

Literatur

Anaximander: s. Neuhäusler, A.; s. Hirschberger, J. Bd I.

Adler, A. (1923): Theorie und Praxis der Individualpsychologie. – Frankfurt/M: S. Fischer 1974.

Adorno, Th. W. (1960): Ohne Leitbild. – In: Ohne Leitbild. Parva Aesthetica. – Frankfurt/M.: Suhrkamp 1967.

Adorno, Th. W. (1964): Jargon der Eigentlichkeit. – Zur deutschen Ideologie. – Frankfurt/M.: Suhrkamp 1964.

Adorno, Th. W. (1966): Thesen über Tradition. – In: Ohne Leitbild. Parva Aesthetica. – Frankfurt/M.: Suhrkamp 1967.

Begoin, J. (1984): Présentation: quelques repères sur évaluation du concept d'identification. – In: Revue Française de Psychanalyse, XLVIII, 2, 483–490.

Benjamin, W. (1942): Über den Begriff der Geschichte. – Ges. Schriften Bd. I 2. – Frankfurt/M.: Suhrkamp 1974.

Bion, W. R. (1967): A Theory of Thinking. – In: Second Thoughts Selected Papers of Psychoanalysis. – New York: Aronson 1967.

Elias, N. (1987): Die Gesellschaft der Individuen. – Frankfurt/M.: Suhrkamp 1987.

Freud, S. (1900): Die Traumdeutung. – Gesammelte Werke, Bd. II/III. – Frankfurt/M.: S. Fischer 1942.

Freud, S.(1908): Der Dichter und das Phantasieren. – Gesammelte Werke, Bd. VII. – Frankfurt/M.: Fischer 1941.

Freud, S. (1920): Jenseits des Lustprinzips. – Gesammelte Werke, Bd. XIII. – Frankfurt/M.: S. Fischer 1940.

Freud, S. (1921): Massenpsychologie und Ich-Analyse. – Gesammelte Werke, Bd. XIII. – Frankfurt/M.: S. Fischer 1940.

Gide, A. (1899): Prométhée mal enchaîné. – Paris: Gallimard 1925.

Grunberger, B. (1971): Vom Narzißmus zum Objekt. – Frankurt/M.: Suhrkamp 1976.

Heine, H. (1931): Die Stadt Lucca. – Sämtliche Schriften. – München: Hanser 1971.

Heine, H. (1835–1837): Elementargeister. – Sämtliche Schriften 3. – München: Hanser 1971.

Hesse, H. (1955): Der Steppenwolf. – Frankfurt/M.: Suhrkamp 1972.

Hirschberger, J. (1952): Geschichte der Philosophie. – Bd. I u. Bd. II. – Freiburg: Herder 1960.

18Jung, C. G. (1928): Die Beziehung zwischen dem Ich und dem Unbewußten. – Gesammelte Werke, Bd. VII. – Olten: Walter 1971.

Klein, M. (1946): Bemerkungen über einige schizoide Mechanismen. – In: Das Seelenleben des Kleinkindes. – Stuttgart: Klett 1962.

Koestler, A. (1978): Das Schicksal des Geistes, oder ›Das Gesetz der schwindenden Empfindsamkeit.‹ Eine waghalsige Spekulation. – In: Der Monat 30, 2, 61–73.

Laplanche, J. und *Pontalis, J.-B.* (1967): Das Vokabular der Psychoanalyse. – Frankfurt/M.: Suhrkamp 1973.

Lebovici, S. (1961): La relation objectale chez l'enfant. – In: Psychiat. Inf. 3, 1, 147–226.

Lebovici, S. (1970): Die Persönlichkeit des Kindes. – München: Kindler 1978.

Mahler, M. S. (1958): On Two Crucial Phases of Integration of the Sense of Identity: – Separation – Individuation and Bisexual Identity. – In: J. Amer. Psychoanal. Assn. 6, 131–142.

Mahler, M. S. (1968): Symbiose und Individuation – Bd. 1: Psychosen im frühen Kindesalter. – Stuttgart: Klett 1972.

Mann, Th. (1947): Doktor Faustus. – Das Leben des deutschen Tonsetzers Adrian Leverkühn, erzählt von einem Freunde. – Frankfurt/M.: S. Fischer 1967.

Meier, C. A. (1977): Persönlichkeit. Der Individuationsprozeß im Lichte der Typologie C. G. Jungs. – Olten: Walter 1977.

Meltzer, D. (1975): Dimensionality in Mental Functioning. – In: Explorations in Autism. – London: Clunie 1975.

Neuhäusler, A. (1963): Grundbegrife der philosophischen Sprache. – München: Ehrenwirth.

Nietzsche, F. (1870/71): Die Geburt der Tragödie aus dem Geiste der Musik. – Leipzig: Kröner 1922.

Pasche, F. (1969): L'Anti-Narcissisme. – In: A Partir de Freud. – Paris: Payot.

Racamier, P.-C. (1980): Die Schizophrenen. – Berlin: Springer 1982.

Schelling, F. W. J.: s. u. a. Hirschberger, J. Bd. II.

Stoller, R. J. (1975): Perversion. Die erotische Form von Haß. – Reinbek b. Hamburg: Rowohlt 1979.

Stork, J. (1986 a): Die Ergebnisse der Verhaltensforschung im psychoanalytischen Verständnis. – In: J. Stork (Hrsg.): Zur Psychologie und Psychopathologie des Säuglings. – Stuttgart-Bad Cannstatt: frommann-holzboog, 9–52.

Stork, J. (1986 b): Der Vater – Störenfried oder Befreier? – In: J. Stork (Hrsg.): Das Vaterbild in Kontinuität und Wandlung. – Stuttgart-Bad Cannstatt: frommann-holzboog, 9–30.

Stork, J. (1986 c): Die Mutter ist das Gegebene, der Vater wird. – Anmerkungen zu Märchen und Mythen. – In: J. Stork (Hrsg.): Das Vaterbild in Kontinuität und Wandlung.– Stuttgart-Bad Cannstatt: frommann-holzboog, 111–131.

Stork, J. (1987): Bilder und Urbilder der ödipalen Idee. – In: J. Stork (Hrsg.): Über die Ursprünge des Ödipuskomplexes. – Stuttgart-Bad Cannstatt: frommann-holzboog, 9–67.
Stork, J. (1988): Kritische Anmerkungen zum Begriff Symbiose. – im Erscheinen begriffen –
Winnicott, D. W. (1949): Haß in der Gegenübertragung. – In: Von der Kinderheilkunde zur Psychoanalyse. – Frankfurt/M.: S. Fischer 1983.
Winnicott, D. W. (1962): Ich-Integration in der Entwicklung des Kindes. – In: Reifungsprozesse und fördernde Umwelt. – Frankfurt/M.: S. Fischer 1984.

Unsere Identifizierung mit Freud

Harald Leupold-Löwenthal (Wien)

Es wäre kaum ein Thema für einen Kongreß theoretischer Physiker über „Unsere Identifizierung mit Einstein" zu sprechen. Es ist gewiß nicht so selbstverständlich im Rahmen des Wissenschaftsbetriebes, wie wir glauben mögen, daß Identifizierung mit den Vorvätern ein Thema ist, ja sein muß.

Dies hängt einerseits mit der Eigenart unseres psychoanalytischen Arbeits- und Forschungsbereiches zusammen, andererseits mit den Modalitäten unserer Ausbildung, die eine eigenartige Verflechtung von persönlicher Entwicklung und zunehmender sachlicher Kompetenz bringen.

Harold Blum hat in seiner „Final Panel Presentation" auf dem Internationalen Psychoanalytischen Kongreß in Hamburg diese mit der Bemerkung eingeleitet, daß analytische Kongresse, Symposien und Meetings aller Art nicht abgehalten werden könnten ohne Identifizierung mit unseren analytischen Zielen und Idealen und unserem analytischen Erbe. Er hat auch die inhärente Bedeutung der Identifizierung für soziale und Gruppenprozesse betont und deren besondere Bedeutung für psychoanalytische Gruppen.

Vergessen wir nicht, daß die ursprünglichen psychoanalytischen Gruppierungen sich als eine Bewegung verstanden. Besonders die aus der „Psychologischen Mittwochabend Gesellschaft" hervorgegangene „Wiener Psychoanalytische Vereinigung" hat dieses Gefühl, einer „Bewegung" anzugehören, die sich um ein mächtiges, omnipotentes, aber auch ambivalent erlebtes Objekt schart, in ihren Mitgliedern in ausgeprägter Weise ausgelöst. Der Zielparagraph der Statuten des Vereines von 1908 – er wurde 1910 auch wörtlich in die Statuten der neuen Internationalen Psychoanalytischen Vereinigung aufgenommen – bringt das zum Ausdruck. Ziel des Vereins sei es, die von Prof. Dr. Sigmund Freud geschaffene Psychoanalyse zu pflegen und zu verbreiten, sich gegenseitig zu helfen und zu unterstützen usw. Dazu wird dann hinzugefügt, daß dies auch durch wissenschaftliche Kongresse und Publikationen erfolgen soll. In den kleinen und wenigen psychoanalytischen Gruppen, besonders in der „Wiener Vereinigung" entsprachen die tatsächlichen Verhältnisse keineswegs den Idealvorstellungen der Statuten. In den „Protokollen" ist dies von Otto Rank dokumentiert, dessen nüchterne Beschreibung der Sitzungen doch deutlich den emotionellen Untergrund mit darstellt. Ambivalenz wie Geschwisterrivalität, Liebe und Haß einer überwältigenden, doch letztlich ödipalen Vaterfigur gegenüber werden hier deutlich sichtbar. Die Abfallbewegungen von Adler und Jung werden teilweise als Erleichterung erlebt, der Weltkrieg mit seiner Trennung und Isolierung der jungen psychoanalytischen Gruppen in Europa, wohl auch das praktisch völlige Sistieren der Tätigkeit in den einzelnen „Ortsgruppen" haben die Heftigkeit dieser Gruppenprozesse an Deutlichkeit verlieren lassen (ein Vorgang der Abwehr tiefer Konflikte, den auch der Zweite Weltkrieg begünstigen sollte). Außer gelegentlichen Bemerkungen Freuds in seinen Briefen an Abraham, Pfister und Ferenczi wird eine Analyse dieser Vorgänge nicht versucht.

Nach dem Ersten Weltkrieg, in einer Phase des neuen organisatorischen Aufbaus der Psychoanalyse, konnte die Abwehr der Einsicht in die Schwierigkeiten der zu Ende gehenden „psychoanalytischen Bewegung", wie auch der neuen Organisation, viel leichter erfolgen: Hierarchische und bürokratische Struktur und ein festgefügtes dreiteiliges Ausbildungssystem legten eine der Psychoanalyse eigentlich fremde Abfolge der Beziehungen fest. Freud entzog sich zunehmend einer persönlichen Mitwirkung, teils aus Gründen seiner Erkrankung, teils aber auch als Reaktion seiner Enttäuschung über die „Bande", er kehrte zu einer Distanz zurück, die doch eigentlich zutiefst seinen Bedürfnissen entsprach.

Wie sehr aber auch die Identifizierung mit Freud als omnipotentem Objekt wirksam war, kann schon im Zehn-Jahresbericht des Berliner Psychoanalytischen Instituts gesehen werden, wo etwa Hanns Sachs die Lehranalyse mit dem Noviziat der Klöster vergleicht und Alexander offen den Indoktrinierungscharakter theoretischer Seminare anspricht, wenn er Lehrinhalte nur in gesicherter Theorie sehen will und problematische Fragen ausgliedern will.

Es geht in unserer persönlichen Entwicklung zum Psychoanalytiker nicht nur und zuvörderst um eine völlige oder partielle, „selektive“ *Identifizierung* mit Freud, sondern auch und besonders um unsere bewußte und unbewußte *Identifikation* Freuds. Im Laufe unserer Lehranalyse und auch unserer psychoanalytischen Ausbildung, mehr aber noch ein Leben lang in unserer beruflichen Tätigkeit, stehen wir verschiedenen und unterschiedlichen Freud-Imagines gegenüber, die wir in jeweils verschiedener Weise introjizieren, uns mit ihnen einlassen, identifizieren. Dabei kommt es aber in manchen Fällen auch zur Abwehrform der Imitation und einer Entwicklung zum „Pseudo-Analytiker“ (Gaddini). Aus der ursprünglichen, naiven, idealisierenden Identifizierung folgt – wie kann es vor Durcharbeitung unserer Ödipalität anders sein – eine durchaus ambivalente Einstellung zu Freud, die bei manchen die Identifizierung im Abwehrprozeß auch zu einer „Identifizierung mit dem Aggressor“ machen kann. Destruktive und aggressive Regungen werden dann auf dem Wege der Reaktionsbildung zu einer karikaturhaften Verzerrung der phantasierten Haltungen und Einstellungen wie der Person Freuds führen, und die übertriebene Ritualisierung technischer Regeln und der Anwendung und Exegese theoretischer Konzepte und Systeme stellt ein geläufiges Beispiel dafür dar. Die psychoanalytische Orthodoxie ist eine der Folgen solcher Entwicklung.

Freud selbst hat solche Identifizierung immer kritisiert, und die enge und engstirnige Auslegung seiner Positionen besonders im technischen Bereich, oft, zuletzt 1937, in „Die endliche und die unendliche Analyse“ sogar beklagt.

Eines der bekannten Symptome dieser Entwicklung ist die kompulsive Einleitung „wissenschaftlicher“ psychoanalytischer Publikationen mit passenden oder unpassenden oder sogar manipulierenden Freud-Zitaten. August Wilhelm Schlegel hat solches auch schon für die Philosophie beschrieben: „Wie bequem ist es doch, daß mythologische Wesen allerlei bedeuten, was man sich zueignen möchte! Indem man unaufhörlich von ihnen spricht, glaubt einen der gutmüthige Leser im Besitze der bezeichneten Eigenschaften“.

Als andere Seite der Ambivalenz können wir im Prozeß einer Abspaltung die Entwicklung neuer, „moderner" psychoanalytischer Theorien sehen, die sich zwar auf Freud berufen, tatsächlich aber destruierend seine Grundpositionen aufheben.

Es hat fast den Anschein, als könne man den Totemvater Freud entweder nur schlucken oder ausspeien. In der einen oder anderen Weise, bewußt oder unbewußt, wird uns Freud so immer wieder zum Ärgernis.

Ist aber Freud dem Analytiker bewußt zum Ärgernis geworden (ich meine damit einen positiven Begriff!), kommt ein Prozeß in Gang, der wichtig ist und in richtiger und folgerichtiger Weise zu einer reiferen Beziehung führen kann. Erst dann wird eintreten, was Rangell mit „selektiver Identifizierung" umschreibt. Ich möchte aber darin festhalten, daß eine Identifizierung bloß mit einer Attitude oder Funktion nie ganz vom phantasierten oder realen Objekt zu trennen ist, zumindest nicht von Teilen des Objektes. Schon gar nicht in der Psychoanalyse, deren Ausbildungsform Sigmund Freud allgegenwärtig macht.

Sollte es im Prozeß der Erreichung einer (professionellen) Identität als Psychoanalytiker angestrebte Ziele geben, so müßte zumindest ein Teil davon in einer zunehmenden kritischen Auseinandersetzung mit der übermächtigen Totemfigur bestehen, deren entliehener Macht sich ja auch unsere Ausbildungsinstitute so gerne bedienen („Freud or wrong my Institute").

Freud selbst, den man aus Gründen, die zur Thematik meiner Überlegungen gehören, so gerne als Träger einer rein triebtheoretisch orientierten Darstellung der Objektbeziehungen sieht, hat schon relativ früh ein forschendes Interesse der zentralen Bedeutung interpersoneller Beziehungen und deren Repräsentanz in der inneren Realität zugewendet. Das beginnt 1914 („Zur Einführung des Narzißmus"), wo er das Konzept des Ichideals aufstellte. Diese Idealbildung sah er als die Bedingung der Verdrängung von Seiten des Ichs. Ohne es deutlich auszusprechen, schreibt er Identifizierungsvorgängen bei der Bildung des Ichideals und des noch als Gewissen bezeichneten Über-Ich eine große Bedeutung zu: „Die Anregung zur Bildung des Ichideals, als dessen Wächter das Gewissen bestellt ist, war nämlich von dem durch die Stimme vermittelten kritischen Einfluß der Eltern ausgegangen, an welche sich im Laufe der

Zeiten die Erzieher, Lehrer und als unübersehbarer, unbestimmbarer Schwarm alle anderen Personen des Milieus angeschlossen hatten (Die Mitmenschen, die öffentliche Meinung)". Als zusätzliche Faktoren ließen sich für den Fall des zeitgenössischen Analytikers hier zwanglos anfügen: die Lehranalytiker, die Supervisoren, das Ausbildungsinstitut, die „psychoanalytic community". Das „psychoanalytische Erbe", wie Harold Blum es nennt, ist doch sehr wesentlich Freuds Erbe.

Freud meinte damals, daß vom Ichideal ein bedeutsamer Weg zum Verständnis der Massenpsychologie führe. Das hat er 1921 dann systematisch ausgeführt, mit dem Hinweis auf die zentrale Rolle des Führers und einer Beschreibung des gemeinsam auf diesen Führer ausgerichteten Ichideals, das als Überichfunktion an ihn delegiert wird.

Erst in der 1923 erschienenen Strukturtheorie wird die ursprüngliche Differenzierung von Gewissen und Ichideal fallen gelassen. Das Über-Ich wird zum Erben des Ödipuskomplexes und entsteht aus der Internalisierung der elterlichen Imagines nach der Überwindung des Ödipuskomplexes.

„So kann man als allgemeinstes Ergebnis der vom Ödipus beherrschten Sexualphase einen Niederschlag im Ich annehmen, welcher in der Herstellung dieser beiden, irgendwie miteinander vereinbarten Identifizierungen besteht. Diese Ichveränderung behält ihre Sonderstellung, sie tritt dem anderen Inhalt des Ichs als Ichideal oder Über-Ich entgegen." Freud faßt das Über-Ich nicht nur als einfaches Residuum der ersten Objektwahl des Es auf, sondern auch als energische Reaktionsbildung gegen dieses.

„Seine Beziehung zum Ich erschöpft sich nicht in der Mahnung: So (wie der Vater) *sollst* du sein, sie umfaßt auch das Verbot: So (wie der Vater) *darfst du nicht sein,* das heißt nicht alles tun, was er tut; manches bleibt ihm vorbehalten."

Wenn man, als Beispiel, als Analytiker technische Maßnahmen setzt, die dem klassischen setting nicht entsprechen, ist man durchaus in der Lage, verbotener Weise zu tun, was nach der Freud-Mythologie dem Vater-Genie vorbehalten blieb. Erst mit dem Konzept der Parameter finden wir Entschuldigung und können nun voll wie der Vater sein (– oder besser?).

1923 hat Freud aber noch einen Satz ausgesprochen, der wenig Beachtung fand, der aber die Bedeutung von Identifizierungsvorgängen mit der Mutter ausschließt: „Das Über-Ich wird den Charakter des Vaters bewahren und je stärker der Ödipuskomplex war, je beschleunigter (unter dem Einfluß von Autorität, Religionslehre, Unterricht, Lektüre) seine Verdrängung erfolgte, desto strenger wird später das Über-Ich als Gewissen vielleicht als unbewußtes Schuldgefühl über das Ich herrschen."

Der Identifizierung als Abwehr hat Nunberg die Identifizierung aus Liebe gegenübergestellt, die nichts mit Abwehr zu tun habe. 1914 hat Sigmund Freud dies in einem Beitrag zur Festschrift seines Gymnasiums beschrieben („Zur Psychologie des Gymnasiasten"), aber auch die Tatsache erwähnt, daß die Identifizierung dem Gesetz der Ambivalenz unterliegt. Über seine Lehrer meinte er: „Ich weiß nicht, was uns stärker in Anspruch nahm und bedeutsamer für uns wurde, die Beschäftigung mit den uns vorgetragenen Wissenschaften oder die mit den Persönlichkeiten unserer Lehrer. Jedenfalls galt den letzteren bei uns allen eine niemals aussetzende Unterströmung, und bei vielen führte der Weg zu den Wissenschaften nur über die Personen der Lehrer: manche blieben auf diesem Weg stecken und einigen ward er auf solche Weise – warum sollten wir es nicht eingestehen? – dauernd verlegt."

Warum sollten wir es nicht eingestehen, daß im analytischen Unterricht unserer Lehrinstitute so wenig Augenmerk auf diese Unterströmungen gerichtet wird, die wir in den Lehranalysen notdürftig in der Analyse der frühen und ödipalen Übertragungen zu deuten im Stande sind, im Glauben, daß die therapeutische Regression den Analysanden in Seminar und Supervision nicht betrifft. Wie oft wird dabei der Weg zur Analyse nicht dauernd verlegt? Was nicht durch Fernhalten vom Ich abgewehrt werden kann, hat Nunberg gemeint, wird durch Assimilation-Synthese abgewehrt.

Solche Abwehr habe etwa folgenden Sinn: „Wenn ich den Feind auf andere Weise nicht bekämpfen kann, so verbinde ich mich mit ihm und mache ihn auf diese Weise unschädlich."

Sigmund Freud hat die Triebtheorie einmal als „unsere Mythologie" bezeichnet. Es gibt aber – er selbst war davon ja nicht betroffen – in der

Psychoanalyse, die ja als eine „Bewegung“ begann, eine uns aufgegebene Mythologie des Helden Sigmund Freud, der in völliger Isolierung, er hat sie aber auch einmal als „splendid isolation“ bezeichnet, unerschrocken die Wahrheit suchte.

Ich habe an anderer Stelle dargestellt, daß dem Außenseiter durch Schicksal im Falle Freuds entscheidend der intentionale Außenseiter gegenübersteht. Wir aber nehmen die Außenseiterposition der Psychoanalyse im Prozeß der Identifizierung durchaus als Schicksalsgegebenheit hin. Auch diese, „selektive“ Identifizierung mit einer Grundhaltung Freuds unterscheidet uns von anderen Wissenschaftern.

Wenn Collin Wilson, in „The Outsider“, meint, der Außenseiter sähe eben aus dieser Position mehr und tiefer, ist dies gewiß richtig, doch darf man den kollektiven Abwehrcharakter solchen Verhaltens nicht übersehen. Wir müssen uns nicht unbedingt mit dem Mythos des einsamen Helden identifizieren.

Das ist mit ein Grund, daß dem hagiographisch in vielen Biographien dargestellten Helden Freud, nun eine zwar keineswegs neue, keineswegs unverständlicherweise denunziatorisch vergegenwärtigte negative Gestalt gegenüberstellt wird. Dem Mythos wurde so der Antimythos geschaffen, zu Siegfried gesellt sich folgerichtig Hagen. (Und nicht nur in der abgespaltenen Figur des großen Dissidenten.)

1910 in der Leonardo-Arbeit hat Freud die Tätigkeit der Biographen vom Gesichtspunkt der Identifizierung analysiert. Die Biographen löschen dem Wunsche der Idealisierung folgend individuelle Züge in der Physiognomie der großen Persönlichkeit, die sie schildern, aus. Sie glätten die Spuren seines Lebenskampfes mit inneren und äußeren Widerständen „... dulden an ihm keinen Rest von menschlicher Schwäche und Unvollkommenheit und geben uns dann wirklich eine kalte, fremde Idealgestalt anstatt des Menschen, dem wir uns entfernt verwandt fühlen können.“

Auch in der Dankesrede zur Verleihung des Goethe-Preises hat sich Freud mit der Einstellung zu Vaterimagines und Lehrern auseinandergesetzt: „... Unsere Einstellung ist nun einmal eine ambivalente, denn unsere Verehrung für sie deckt regelmäßig eine Komponente von feindseliger Auflehnung. Das ist ein psychologisches Verhängnis, läßt sich ohne gewaltsame Unterdrückung der Wahrheit nicht ändern und muß sich auf unser Verhältnis zu den großen Männern, deren Lebensgeschichte wir erforschen wollen, fortsetzen."

Die Tendenz zu ambivalenter Idealisierung findet sich aber nicht nur bei Psychoanalytikern. Auch Nicht-Analytiker, die an Freuds Biographie arbeiten, wie Roazen oder Sulloway, werden neben aller Kritik von Freuds Person gefangen.

Frank J. Sulloway, Freud-Biologe der Seele, bezeichnet Freud als einen Denker außergewöhnlichen Zuschnittes, einen selbststilisierten Konquistador, „dessen kühner theoretischer Horizont und intellektueller Wagemut das Gebiet der Psychologie, wie sie zu seiner Zeit existierte, von Grund auf verwandelten" (1979, 678). Wenn Sulloway in seinem Buch die Geschichte und Funktion der Mystifizierung und Selbstmystifizierung Freuds und der Psychoanalyse aufzuzeigen versucht und zu zeigen versucht, daß wesentliche Elemente der Freudschen Theorie bereits vor 1895 in Werken anderer Autoren entwickelt waren, so meint er letztlich doch, daß die Geschichte der Psychoanalyse genau den mythenbildenden Prozeß isoliert, „indem sie uns, als eine Art Mikrokosmos, ein erhellendes Spiegelbild der Politik der Erkenntnisverbreitung bietet, wie sie in der Wissenschaft herrscht" (682).

Eine stimmige poetische Diagnose der Bedeutung Freuds (vor allem auch für die Analytiker, obwohl er diese nicht meinte) findet sich in W. H. Auden's Freud-Gedicht:

> „For one who lived among, enemies so long;
> If often he was wrong and, at times, absurd,
> To us he is no more a person
> Now but a whole climate of opinion
> Under whom we conduct our differing lives
> He quietly surrounds all our habits of growth;
> The remotest most miserable duchy
> Have felt the charge in their bones and are cheered."

Nach dem Zweiten Weltkrieg ist es auch in Europa dazu gekommen, daß die Psychoanalytiker sich nur mehr selten als Außenseiter behandelt sehen. Oberflächlich betrachtet sind sie dieser Position entwachsen. Die gesellschaftlichen Veränderungen unserer Tage ließen ein zunehmendes Bedürfnis vor allem nach angewandter Psychoanalyse entstehen. Wo einst Ablehnung die Analytiker zwang, oft gegen ihren Willen, in ihrer Position als intentionelle Außenseiter zu verharren, werden sie heute überfordert. Überfordert von einer Gesellschaft, die nur zu bereit ist, die Nichterfüllung und Nichtentsprechung phantasierter Wünsche und Vorstellungen über Möglichkeiten und Reichweite der Psychoanalyse mit neuer Ablehnung zu beantworten. Die Verlockung ist groß, sich zu verhalten wie Bert Brechts „Galileo".

Der Psychoanalytiker findet sich aber auch in der schwierigen Lage, in der eigenen Gruppe, in seinen Organisationen und Ausbildungsinstituten mit Institutionsprozessen konfrontiert zu werden, die noch auf die Tradition der Außenseiterposition und der Reaktionsbildung der Orthodoxierung alleine fußen, und nur zu oft wird die Kohärenz der eigenen Gruppe durch Überbetonung realer Gefahren und die unbewußte Projektion phantasierter Gefahren für den Gruppenzusammenhalt zu erreichen versucht. Der revolutionär-emanzipatorische Charakter der Psychoanalyse ist dabei zunehmend verloren gegangen.

Haben wir die Chance, in einer gelungenen und gelingenden professionellen Entwicklung zum Psychoanalytiker zunehmend reifere Formen der Identifizierung zu erreichen, so kann dies nur auf dem Wege wachsender Autonomie in einem Prozeß steter Auseinandersetzung mit der Imago Freud geschehen. Ein Prozeß, dessen Bedeutung in unserer prä- und postgraduaten Ausbildung nur wenig bewußte Beachtung findet. Der Psychoanalytiker wird sich aber diesem dialektischen Prozeß der Auseinandersetzung mit Freud nie ganz entziehen können.

Lassen Sie mich den Zustand mit der „Sorgeszene" des Fünften Aktes von Faust II beschreiben, metaphorisch und nicht konkretistisch in falscher Sicherheit:

Faust: „Noch hab' ich mich ins Freie nicht gekämpft,
Könnt' ich Magie von meinem Pfad entfernen,
Die Zaubersprüche ganz und gar verlernen,
Stünd' ich Natur vor dir ein Mann allein,
Da wär's der Mühe wert, ein Mensch zu sein."

Erst wenn wir uns von der infantilen Identifizierung mit Freuds Omnipotenz befreien, Theorie wie technische Regeln nicht mehr als Magie und Zaubersprüche ritualisieren, wird eine reife Einstellung, eine Freiheit in unserem Berufe möglich, die Freud immer hatte. Sloganhaft ausgedrückt: Psychoanalyse als Spiel, nicht als Ritual. Später heißt es in dieser Szene:

> „Faust: Und so verschüchtert stehen wir allein.
> Die Pforte knarrt, und niemand kommt herein.
> Ist jemand hier?
> Sorge: Die Frage fordert Ja!
> Faust: Und du, wer bist denn du?
> Sorge: Bin einmal da.
> Faust: Entferne dich!
> Sorge: Ich bin am rechten Ort."

Wir werden uns damit abfinden und immer neu auseinandersetzen müssen, daß Freud als unsere „Sorge" einmal da ist, wir ihn nicht und nie entfernen können, denn er ist zweifelsohne in unserer Arbeit und in unserem wissenschaftlichen und klinischen Leben „am rechten Ort".

Literatur

Alexander, F. (1930): Der theoretische Lehrgang. – In: Zehn Jahre Berliner Psychoanalytisches Institut (Polyklinik und Lehranstalt). – Wien: Int. Psychoanal. Verlag.

Blum, H. (1986): On Identification and its Vicissitudes. – In: Int. J. Psychoanal., LXVII, 267–276.

Freud, S. (1910): Eine Kindheitserinnerung des Leonardo da Vinci. – Gesammelte Werke, Band VIII. – Frankfurt/M.: S. Fischer 1945, 128–211.

Freud, S. (1914): Zur Einführung des Narzißmus. – Gesammelte Werke, Band X. – Frankfurt/M.: S. Fischer 1946, 138–170.

Freud, S. (1914): Zur Psychologie des Gymnasiasten. – Gesammelte Werke, Band X. – Frankfurt/M.: S. Fischer 1946, 204–207.

Freud, S. (1923): Das Ich und das Es. – Gesammelte Werke, Band XIII. – Frankfurt/M.: S. Fischer 1945, 237–289.

Freud, S. (1930): Goethe Preis 1930. Brief an Alfons Paquet. Ansprache im Frankfurter Goethe Haus. – Gesammelte Werke, Band XIV. – Frankfurt/M.: S. Fischer 1948, 545–550.

Freud, S. (1937): Die endliche und die unendliche Analyse. – Gesammelte Werke, Band XVI. – Frankfurt/M.: S. Fischer 1950, 59–999.

Leupold-Löwenthal, H. (1977): Years of Isolation. – In: Sigmund Freud House Bulletin, I/No. 2, 59–66.

Nunberg, H. und *Federn, E.* (1976): Protokolle der Wiener Psychoanalytischen Vereinigung. 4 Bde. Frankfurt/M.: S. Fischer.

Rangell, L.: Diskussionsbemerkung beim XXXIV. IPAC, Hamburg 1985.

Sachs, H. (1930): Die Lehranalyse. – In: Zehn Jahre Berliner Psychoanalytisches Institut (Polyklinik und Lehranstalt). – Wien: Int. Psychoanal. Verlag.

Schlegel, A. W.: Werke. Leipzig: 1846.

Sulloway, F. J. (1979): Freud – Biologe der Seele. Jenseits der psychoanalytischen Legende. Edition Maschke. – Hamburg: Hohenheimer Verlag 1982.

Wilson, C. (1958): The Outsider. – London.

Die Geburt der Identität

Serge Lebovici (Paris)

Françoise ist in Analyse: sie hat scheinbar banale ödipale Konflikte entwickelt, über die es in diesem Exposé nichts zu sagen gäbe, außer, daß mich die Hartnäckigkeit erstaunt, mit der sie unmögliche Beziehungen zu ihrer Mutter beschreibt. Oft stellt sie sie symbolisch durch ein Bild dar, das zwangsläufig mein Interesse weckt: von ihrer Mutter geliebt zu werden, sei wie von einem hohen Felsen zu springen, allerdings in einen engen Spalt, der durch zwei weitere, symmetrische und gleiche Felsspitzen begrenzt wird. Ich denke häufig an dieses Bild, das Françoise erschreckt und mich manchmal an die beiden Brüste ihrer Mutter gemahnt, zwischen die sie sich nicht schmiegen konnte.

Lange nach Beginn ihrer Analyse enthüllt sie mir, daß sie auf den Tag genau ein Jahr nach der Totgeburt einer Schwester namens Françoise zur Welt kam; da sie so schicksalhaft als Ersatz für ihre tote Schwester geboren wurde, gab man ihr denselben Vornamen. Sie hatte getan, was sich gehörte: sie hatte genau den Platz ihrer toten Schwester eingenommen und war nichts weiter als deren Ersatz gewesen; sie hatte also kein Recht auf eine eigene Identität. Nachdem sie zum perfekten Substitut für die ältere, verstorbene Tochter geworden war, wurde übrigens noch ein Bruder geboren, der sich schlecht entwickelte und als Heranwachsender einen ernsthaften Selbstmordversuch unternahm; dann kam ein weiterer Bruder zur Welt, der mongoloid war. Vielleicht stellten diese beiden Brüder die beiden Zwillingsbrüste dar, denen sie sich nicht nähern konnte. Auf jeden Fall aber war es ihr in Gestalt ihrer wiederauferstandenen Schwester nicht gelungen, Erfolg im Beruf ihres geliebten Vaters zu haben, mit dem sie sich so gern identifizieren wollte. Ihrem Bruder, der stets deprimiert war, glückte das ebenfalls nicht; ihr blieb nichts anderes übrig, als sich dadurch schadlos zu halten, daß sie andere über ihre geschlechtliche Identität täuschte; sie tat so, als wolle sie zwitterartige Formen behalten.

Eine junge Frau hat mir ihre drittgeborene Tochter vorgestellt, die psychotisch ist. Sie wird von einem neunjährigen Jungen begleitet, ihrem ältesten Sohn. Wie sie sagt, ist sie beunruhigt über seine Weigerung, in der Schule zu arbeiten; der Junge äußert daraufhin, er wolle nicht mehr arbeiten, weil seine Eltern sich zuviel um die kleine psychotische Schwester kümmerten. Wir vereinbaren einen weiteren Termin.

Einige Tage später kommen Mutter und Sohn wieder; der sehr intelligente Junge wiederholt seine Version der Fakten: er will seine Eltern ärgern und arbeitet nicht mehr. Er wird nach seinem Vornamen gefragt. Die Mutter antwortet für ihn: Elie. Während der Schwangerschaft habe sie geträumt, sie werde einen Sohn zur Welt bringen, und dieser werde „Elie-ou" heißen, ein Name, den sie verabscheut. Im Traum habe sie Gott angefleht, nicht darauf zu beharren, doch ihre Gebete hätten ihn nicht umgestimmt. Am nächsten Tag habe sie einen Rabbiner aufgesucht, und dieser habe angeordnet, wenn sie einen Jungen bekäme, müsse sie ihn Elie nennen. Und jetzt sei dieser Sohn ihr Abgott. Der Junge selbst wehrt sich energisch gegen diese Stellung, doch seine Mutter besteht darauf, weil ihr Mann zwei Frauen habe, Elies Mutter, also sie selbst, und seine Geliebte. Die Beratung geht weiter. Schließlich bleibe ich mit Elie allein; dieser verspricht sich und erwähnt seinen „anderen" Vornamen. Ich möchte ihn erfahren; er versucht auszuweichen, bricht dann in Tränen aus und sagt schließlich: „Jerôme", ein alltäglicher Name, mit dem er natürlich nicht mehr der Abgott seiner Mutter wäre und leicht in der Masse seiner Kameraden untergehen könnte. So verweigerte Elie an jenem Tag die Identität, die ihm seine Eltern gegeben hatten, und wollte seinen Namen selbst wählen.

Diese beiden kurzen Geschichten zu Beginn der vorliegenden Arbeit erinnern uns daran, daß unsere Identität gebildet wird aus:

1. dem Platz, den die Regeln der Familieneinteilung uns in der Abfolge der Generationen zuweisen und dem wir unseren Familiennamen verdanken; und

2. dem Vornamen, der uns im Hinblick auf den mehr generischen

Familiennamen definiert. Dieser Vorname kann traditionell vorgeschrieben sein; er erinnert dann meistens an die Stellung des Kindes zu seinen Großeltern, die es wieder aufleben läßt, vielleicht, um eine wirkliche Elternübertragung seiner Eltern auf das Kind zu erleichtern. Anderswo, vor allem im Westen, wird der Vorname freier gewählt; er kann zufällig ausgesucht werden, etwa aus ästhetischen Gründen, „weil er schön ist, weil er uns gefällt" etc., aber auch deshalb, weil er den „Auftrag" des zu erwartenden oder schon geborenen Kindes bezeichnet, vielleicht der Name eines Toten ist, den einer der Ehepartner, möglicherweise insgeheim, geliebt hat, oder weil damit die Erinnerung an einen Helden wiederhergestellt werden soll, an einen möglicherweise durch Selbstmord Verstorbenen. In diese durch den Vornamen gekennzeichnete Identität schleichen sich also viele Familiengeheimnisse ein, die das Kind schnell in Erfahrung bringt, deren Kenntnis man bei ihm aber nicht vermutet.

Bislang haben wir von dem gesprochen, was die Gesetze und Vorschriften aller Länder als Personenstand bezeichnen, dem, was in unseren Personalausweisen und Pässen steht, Papieren, mit denen wir uns in den Banken ausweisen, wenn wir beispielsweise Geld abheben wollen, und die uns ermöglichen, Grenzen zu überschreiten.

Man könnte also sagen, daß die Identität kein psychologisches Konzept ist, sondern daß es sich dabei um einen Begriff handelt, der zum sozialen und kulturellen Bereich gehört und von der Organisation des Familiensystems nach Modalitäten abhängt, die von der Anthropologie erschöpfend definiert sind. In den zeitgenössischen Gesellschaften aber werden die Regeln des Personenstandes freier und entsprechen, zumindest in gewissem Maße, den Veränderungen in der Organisation des Familienlebens: nicht mehr allein die Verwandtschaft bestimmt die Elternschaft. Im Bereich des Personenstandes kann man das daran ablesen, daß in mehreren europäischen, nicht Spanisch sprechenden Ländern Eltern und Mütter bestrebt sind, *auch* den mütterlichen Familiennamen weiterzugeben; auf den ersten Blick ist das eine feministische Forderung, doch die Dinge liegen komplizierter, da es sich ja tatsächlich um die Weitergabe des Namens des Großvaters mütterlicherseits handelt. So war es bei Emilie, deren Vater Angst hatte, sie könne während der Nacht sterben. Tatsächlich verriet diese Phobie seinen Abscheu vor Frauen und dieser kleinen Tochter, die so viel Speichel absonderte. Er bewunderte seinen Schwiegervater, der nur eine Tochter hatte, die Mutter des Babies. Daher heiratete er sie nicht, um die Weitergabe des Namens des Großvaters mütterlicherseits zu ermöglichen.

Die verliehene Identität

Das Baby erkennt schon früh den Vornamen, den ihm seine Eltern geben; häufig nennen sie ihn in einer Verkleinerungsform; noch bemerkenswerter ist, daß sie bei Neugeborenen oft die Verwendung dieses Vornamens vermeiden. Sie bleiben gern im Unbestimmten, und die Mütter sprechen mit ihrem Baby lieber so, als sprächen sie über es, und, mehr noch, in einer losgelösten und neutralen Form. Sie sagen: „Wir trinken jetzt unser Fläschchen", oder allenfalls noch: „Baby trinkt jetzt sein Fläschchen." Insgesamt geht es entweder darum, kein Unglück heraufzubeschwören, oder darum, das Glück der Symbiose aufrechtzuerhalten, das vor der Geburt herrschte und die Entfaltung des phantasmatischen und imaginären Kindes ermöglichte.

Identifizierung und Identität

Zur Latenzzeit, also nachdem die infantile Neurose unter dem doppelten Einfluß der Entfaltung des Ödipuskomplexes und der Verdrängung im Prinzip fest organisiert ist, hat das Kind seinen Platz in einem Geschlecht und einer Generation gefunden; im wesentlichen hat es seine Identität erworben, die auf der psychischen Ebene durch diese doppelte Bezugnahme definiert ist. Man versteht durchaus, welche Rolle die Identifizierungen bei dieser entscheidenden Entwicklung spielen, sowohl im Hinblick auf das psychische Leben der Kinder als auch im Hinblick auf ihre Standortbestimmung in ihrer Familie und ihrer Kultur.

Wir haben nicht die Absicht, hier die Theorie von der Genese dieser als sekundär bezeichneten post-ödipalen Identifizierungen wieder aufzunehmen. Sie prägen sich in die mit den Triebbesetzungen verbundenen Entwicklungskonflikte ein und folgen damit auf eine lange Geschichte, nämlich die des Habenwollens, das seinerseits durch die halluzinatorische Reaktivierung von Erinnerungsspuren an Befriedigungserlebnisse gestützt wird. Der Wunsch ermöglicht die Einverleibung und Introjektion des Objekts, was zunächst dessen Abwesenheit und dann die Trennung von ihm erleichtert. Deshalb wird das, was gut ist, introjiziert; was böse ist, wird zurückgewiesen und bildet die äußere Realität. Die anfänglichen Identifizierungen, auf die wir noch zurückkommen werden, machen es also möglich, in sich das Objekt des Wunsches zu schaffen. Die Unfähigkeit aber, es zu beherrschen, führt jedes Kind auch dazu, die Schande seiner Ohnmacht zu akzeptieren. Das Liebesobjekt, teilweise durch den Narzißmus besetzt, der sich darüber ausbreitet, wird so gleichzeitig Überich, aber auch Ichideal. Das veranlaßt das Kind, auf sein aggressives Wollen zu verzichten, welches durch den Wunsch bestimmt ist, das begehrte Objekt zu seiner ausschließlichen Verfügung zu haben und es zu genießen; sowie dazu, das rivalisierende Objekt nachzuahmen und die Handlungen, die notwendig sind, um seinen Platz einzunehmen, auf später zu verschieben. So werden die sekundären Identifizierungen unterstützt durch den Ablauf eines Entwicklungsvorgangs, der mit der begrenzten Imitation durch das Überich beginnt, dessen Strenge auf der Heftigkeit der Triebintrojekte und der starken Projektion auf das verbotene Objekt beruht. „Machen wie“ wird also auf später verschoben; im übrigen werden die Wünsche durch die Strenge des Überich gemäßigt. Dieser langsame Prozeß wird oft als dialektische Entwicklung von Haben und Sein definiert, eine Formel, die den langen Weg simplifiziert, der über eine gewisse Trauer um die ödipalen Objekte führt und einsehen läßt, daß der volle Besitz des übertragenen Teils der Identität Verzichte fordert, ehe man sich rechtmäßig mit dem elterlichen Flittergold verkleiden und sich von der Notwendigkeit befreien kann, ihre Identität auf der Ebene ihrer Stellung in der generationsübergreifenden Geschichte mit der unseren zu verwechseln; in dieser generationsübergreifenden Geschichte können sich endlich die beiden Generationen erkennen, die der Eltern und die der Kinder. Die sekundären Identifizierungen und die symbolischen Verzichtleistungen, die diese ermöglichen, stehen also in unserer Kultur der Zugehörigkeit an der Quelle der sozialisierten Identität.

Das Baby erkennt, daß es existiert

Wir haben gesehen, wie sich verstehen läßt, daß die differenzierten, sekundarisierten und postödipalen Identifizierungen zur Geburt der Identität führen, die das *„Sein wie"* und damit das *„Sein"* definiert. Dieser Aphorismus hat zur Aufwertung der kognitiven Entwicklung des Babies vor dem Spiegel geführt: man weiß in der Tat, daß das Baby das Spiegelbild des anderen eher erkennt als das eigene. Diese genetische Beschreibung hat Lacan erlaubt, von dem zu sprechen, was er als Spiegelstadium bezeichnete. Er zeigt darin auf, daß das Erkennen unserer selbst über das Erkennen unseres Spiegelbildes verläuft oder daß das „Ich" darauf beruht, daß der väterliche Phallus oder der „Name des Vaters" die kastrierte Mutter von ihrem Sprößling trennt. Anders ausgedrückt: das „Ich" gründet sich auf dem Erkennen des anderen oder vielmehr des „Großen Anderen" („Grand Autre").

Diese Auffassung veranschaulicht die Rolle des Vatersignifikanten bei der Entstehung der Identität. Diese strukturelle Theorie ist nur dann von augenfälligem Interesse, wenn es um die Gleichsetzung der Geburt der Identität mit der des symbolischen Denkens geht. Weiter unten werden wir versuchen, eine Entwicklungsauffassung darzulegen, die den kognitivistischen und psychoanalytischen Untersuchungen über die Genese der Identität eher entspricht. Hier sei nur gesagt, daß die Verbindungen zwischen der Identität und den identifikatorischen Prozessen hinreichend nachgewiesen wurden. Mit einem Wort: wir müssen untersuchen, inwiefern die Identifizierung *mit* dem Objekt und die Identifizierung *des* Objekts mit der Geburt des „Ich"-Erkennens verbundene Vorgänge sind (Pinol-Douriez 1986).

Wir können nun die Argumente zusammentragen, die zulassen, daß man vom überaus frühen Eintreten des Identitätsgefühls spricht. S. Freud hat in „Jenseits des Lustprinzips" das Bemächtigungsspiel seines Enkels mit der Spule beschrieben: es handelt sich um ein symbolisches Spiel, das die Fähigkeit des Kindes bestätigt, eine Repräsentanz der Eltern zum Verschwinden zu bringen und wieder erscheinen zu lassen. Wir brauchen hier nicht an die zahllosen Kommentare zu erinnern, die dieses beispielhafte Verhalten illustriert haben; es bestätigt, daß das beobachtete Kind um die Fortdauer der Existenz seiner Eltern wußte und diese symbolisch in einer selbst erfundenen spielerischen Form manipulierte.

Bemerkenswert ist nun, daß dieses Verhalten zu Anfang des letzten Viertels des ersten Lebensjahres beobachtet wurde, also in einer Phase, in der René Spitz (1965) den dritten Organisator beschreibt, das NEIN, also den Augenblick, in dem das Baby sich seiner Mutter widersetzt, indem es sie nachahmt und den Kopf schüttelt wie sie, wenn sie etwas verbieten will. Man weiß, daß dieses Verhalten für Spitz eine Situation bezeichnet, die in gewisser Weise dem analog ist, was Anna Freud (1936) als Identifizierung mit dem Aggressor beschrieben hat. Für Spitz tut das Baby noch mehr, wenn es die Verneinungsgeste nachahmt; es bereitet sich auf die Versagung vor, und sein augenscheinlich nachahmendes Verhalten hat auch den Sinn einer Regression, und zwar auf den Augenblick, in dem sein Autoerotismus durch das autosensorische Verhalten des Kopfwiegens befriedigt wurde, das bei vernachlässigten Kindern so häufig vorkommt. Diese Hypothese ermöglicht die Einführung des Zeitbegriffs in den identifikatorischen Prozeß und die gleichzeitige Organisation des Nachahmungsspiels; wir können von Identifizierungen und „Ich"-Erkennung über das Verstehen der Gesten der Erziehungspartner sprechen ...

Wie man sich erinnern wird, verdanken wir Spitz auch die Beschreibung des zweiten Organisators des frühkindlichen Seelenlebens, nämlich des Abscheus vor dem fremden Gesicht, den man um den achten Lebensmonat beobachtet; man kann hier von einer mit der Trennungsangst verbundenen phobischen Verschiebung sprechen. Der beunruhigende Fremde ist nichts anderes als das Negativ der Abwesenheit der Mutter, was eine echte phobische Projektion der aufgrund ihrer Abwesenheit gefährlich gewordenen Mutter auf eine unbekannte oder weniger bekannte Person voraussetzt. Eine solche Organisation impliziert die volle Entwicklung des Phantasielebens und die Wahrnehmung sowohl der eigenen Existenz als auch der der Mutter, die jetzt als dauerhaftes Objekt erkannt wird.

Aus dieser Sicht ist ein Hinweis interessant: die Psychosomatiker der Pariser Schule, die die Allergie als Manifestation der fehlenden Distanz zur Mutter beschreiben, haben oft mitgeteilt, daß sich die Eltern in solchen Fällen nicht an einen Abscheu ihres Kindes vor dem fremden Gesicht erinnern können (Kreisler, Fain und Soulé 1974).

Winnicott seinerseits hat mehrfach die Entwicklung der Einheit kind-mütterlicher Fürsorge beschrieben und an die Bedeutung der depressiven Phase erinnert (1941, 1947, 1954, 1956); man folgert deren Existenz aus der Tatsache, daß die primäre mütterliche Fürsorge wohl nicht über die Periode hinaus andauert, in der die Mutter ihr Baby abgöttisch liebt. Man sollte einräumen, daß es bei diesem Paar auch Haß und Gewalt gibt; einerseits wird die Mutter, die Haß auf ihr Baby empfinden kann, eine akzeptable, eine „hinreichend gute Mutter" („good enough mother"); andererseits hat auch das Baby, das sich satt, warm und behaglich fühlt, das getragen und umsorgt wird, Gewaltempfindungen, die es zweifellos beunruhigen und deprimieren. Doch die Mutter überlebt, und das Kind wird dadurch mit seiner Fähigkeit konfrontiert, sich kontinuierlich existent zu fühlen. Dieses Identitätsgefühl bezeichnet Winnicott als „Self", und man sollte es nicht mit dem Selbst der amerikanischen Autoren gleichsetzen. Der Teil der kindlichen Psyche, der den mütterlichen Anforderungen entsprechen will, ist wie ein Fremdkörper, der im entstehenden Ich für die Versorgung der Mutter zuständig ist; er ist das falsche Selbst und je nach den Bedürfnissen der Mutter mehr oder weniger prägnant.

Winnicott mit seinem Sinn für provozierende Formulierungen hat auch geschrieben, das Baby, das die Objekte nehme, die man ihm reiche, und sie dann mit spielerischer Freude fallen lasse, behaupte damit, es sei „entwöhnt", d.h. es brauche seine Mutter nicht mehr (1954, 271 f). Seine Identität bestätigt sich also und drückt sich später, wie wir gesehen haben, durch symbolische Bemächtigungsspiele aus.

Mahler (1968) hat sich nicht mit einer phänomenologischen Beschreibung der Individuationsprozesse begnügt, sondern gezeigt, daß gewisse symbiotische Psychosen des Kindes auf den Sinn des Vorgangs schließen lassen, durch den die Selbstrepräsentanz sich von der Repräsentanz des mütterlichen Objekts trennt. In den Trennungsphasen und den Unterphasen der Wiederannäherung bestätigt das Baby allerdings, daß es um seine Existenz mit seiner Identität weiß; letztere wird bei den Psychosen dieses Alters in Frage gestellt.

Die Kleinianische Schule hat sich wenig mit der Genese der Identifizierungen beschäftigt. Sie beschreibt sie als eine Gesamtheit von Prozessen, die die anfänglichen Phantasien des Babies sowohl über seine äußeren als auch über seine internalisierten Objekte umfassen; diese Wunschobjekte werden von Anfang an mit dem Lebens- und Todestrieb und den damit zusammenhängenden Phantasien besetzt. Die Identifizierung mit den Partialobjekten schließt nicht aus, daß das Baby sich als fähig zu Inkorporation, Introjektion und Zurückweisung erkennt, ehe es seine Identität bildet, indem es die Dauerhaftigkeit des Objekts bemerkt. Mit anderen Worten, die Identität bildet sich von der depressiven Phase an, die strukturell mit dem Erkennen der Fortdauer des Objekts verbunden ist.

Melanie Klein (1946) hatte gesehen, wie wichtig die Beschreibung der projektiven Identifizierungen für ihre Theorie der archaischen Objektbeziehungen ist. Wenn man die Hypothesen Abrahams (1916) über die Einverleibung und die Ferenczis (1909) über die Introjektion wieder aufnimmt, müßte man eher von identifikatorischen Projektionen sprechen, die dazu beitragen, die psychischen Konturen des Objekts zu umreißen. Diese Vorstellung ist von den nach-Kleinianischen Autoren häufig aufgegriffen worden. Um nur ein Beispiel zu nennen: bei der Beschreibung dessen, was er die „Fähigkeit der Mutter zum Träumen" nennt, spielt Bion (1962, 309) vor allem auf die Art und Weise an, wie die Mutter die projektiven Identifizierungen aufnimmt und umwandelt, indem sie ihnen Sinn gibt, sie zu Metaphern werden läßt und sie dadurch „entgiftet". Sie ermöglicht ihrem Baby also, sich von den Angriffsvorgängen zu lösen und die Mutter in ihren Funktionen zu erkennen, mit einem Wort, sie zu identifizieren und so seinen identifikatorischen Fähigkeiten eine bestimmte Richtung zu geben. Wie wichtig das ist, sehen wir ständig.

Die Identifizierung des Objekts und die Geburt der Identität

Die Identifizierung *mit* dem Objekt ist relativ verschieden von der Identifizierung *des* Objekts, einem Prozeß, dessen Verbindungen mit der

Entwicklung der Interaktionen in zeitgenössischen Arbeiten gezeigt werden. Wir wollen hier nicht zurückverfolgen, wie sich ihre Anerkennung durch die Arbeiten der Kognitivisten und der Psychoanalytiker entwickelt hat. Dennoch muß an die außerordentlichen und sehr frühen Fähigkeiten erinnert werden, aufgrund derer man behaupten kann, daß das Kind von Geburt an, vermutlich schon von seinem intrauterinen Leben an fähig ist, seine Mutter von den anderen Erwachsenen zu unterscheiden, zumindest in bestimmten besonders günstigen Augenblicken seiner kurzen Phasen ruhigen Wachseins.

Wir wollen uns mit einigen Beispielen begnügen. Das Neugeborene scheint von Geburt an die Stimme seiner Mutter zu erkennen; vom dritten Tag an unterscheidet es ihren Geruch von dem anderer Frauen; schon in den ersten Wochen reagiert es auf die Photographie seiner Mutter. Zu dieser Zeit ahmt es bestimmte komplexe Mienenspiele der Erwachsenen nach etc.

Man kann also von Nachahmung sprechen, was bereits beträchtliche Leistungen voraussetzt; sie entsprechen in etwa jenen, die beim Tierverhalten durch Prägungen definiert sind; wie man weiß, handelt es sich um die Tatsache, daß ein programmiertes Verhalten nur dann ausgelöst wird, wenn ein spezifisches Umweltgeschehen vorliegt, das seinerseits ebenfalls programmiert ist. Solche sozialen Interaktionen definieren nicht die soziale Beziehung zwischen einem Individuum und einem anderen Individuum, das Erziehungsfunktionen hat. Sie charakterisieren das Bindungsprogramm, das durch Bowlby (1969) bekannt gemacht wurde, und bezeugen funktionelle Beziehungen zwischen dem Kleinen und seinen Erziehungspartnern.

Dies sind die Grundbedingungen, durch die die Identifizierung von lebenden und unbelebten Objekten in der Umgebung des Kindes zustandekommt. Wir glauben aber behaupten zu können, daß die Dinge beim Menschenkind unendlich viel komplexer sind. Das kann hier nur sehr knapp gezeigt werden:

1. Die Mutter des Babies neigt dazu, dessen Fähigkeiten in Leistungen umzuwandeln; zuerst selektiert sie diejenigen, die ihr nützlich erscheinen, und zwar auf zwei Arten: einerseits nimmt sie die Bedeutung der Fähigkeiten vorweg und begründet ihren Sinn; andererseits behütet sie

das Kind, indem sie es beruhigt, davor, von den Erregungen überflutet zu werden und ermöglicht ihm, sich durch Schlafen zu erholen.

2. Die beiden Transaktionspartner, die Mutter (oder der Vater und andere Erziehungspartner) und das Kind, haben noch viele andere Mittel des Austauschs und der Kommunikation, die man als Affektaustausch definieren könnte. Diese affektiven Interaktionen tauchen den Austausch in modale und transmodale Bäder (Stern 1981). Sie sind bemerkenswert synchronisiert und teilen sich durch vielfältige Dialogmodalitäten mit, etwa durch Tonqualität, Stimmlage und Mimik (Lebovici 1983). Diese Arten des Austauschs gestatten die Definition einer interaktiven Epigenese (Cosnier 1984). Die Affekte sind „hungrig nach Repräsentanz" (Pinol-Douriez 1984).

3. Das Baby spielt eine aktive Rolle bei diesen Arten des Austauschs; ich erinnere daran, daß der Säugling nicht nur seine Mutter besetzt, ehe er sie wahrnimmt, sondern daß er auch der einzige ist, der sie zu seiner Mutter erklärt, und zwar eben aufgrund dieses Austauschs (Lebovici 1960).

Von seiten der Mutter ist das Baby schon vor seiner Geburt Träger phantasmatischer und imaginärer Werte, die sie in ihre Erziehungsstrategie einbringt:

1. Der sehr alte Wunsch der Mutter nach Mutterschaft verknüpft das Kind mit ihren ödipalen Wünschen. Das zu erwartende Kind ist also das des Großvaters mütterlicherseits, den es repräsentiert, was sich, wie wir gesehen haben, oft in der Wahl seines vorgeschriebenen Vornamens äußert. Das Kind ist auch Repräsentant der Schuldgefühle der Mutter gegenüber der Großmutter mütterlicherseits (Bydlowski 1987).

2. Die späteren Wünsche nach Schwangerschaft und einem Kind lassen ein imaginäres Kind entstehen, das Träger der starken Strebungen seiner Eltern ist, insbesondere in der westlichen Zivilisation, wo das Kind im allgemeinen gewollt und geplant ist. Dieses Kind ist also die Frucht generationsübergreifender Wunschvorgaben, deren Gewicht wir bereits erwähnten.

Wir haben uns damit begnügt, die Fülle dieser Interaktionen zu zeigen. Man kann nun verstehen, daß Babies, da sie in der Lage sind, ihre Mütter zu schaffen, diese auch erkennen oder zumindest identifizieren, ohne daß wir dabei von Wahrnehmungen sprechen könnten. Es gibt hierzu eine schöne Metapher von Winnicott: wenn ein Kind seine Mutter betrachtet, sieht es zweierlei, die Pupillen seiner Mutter und seine Mutter, die dabei ist, es anzusehen. Wir fügen hinzu, daß die Mutter dabei sieht, wie es sie ansieht; man könnte also die Allegorie eines unendlichen Spiegelspiels anführen, bei dem sich Blicke und Spiegelbilder von Blicken kreuzen.

Man könnte noch viele andere Auswirkungen dieser Komplizenschaft anführen. Bruner (1983) beispielsweise hat gezeigt, daß Kind und Mutter, angezogen durch den Blick des jeweils anderen, sich angewöhnen, die Realität aus dem Zusammenhang zu reißen, um die Benennung des aus dem Zusammenhang gerissenen Objekts zu ermöglichen. Es handelt sich also nie um eine einfache Übermittlung, sondern um Austauschvorgänge, die immer ein ganzes Spektrum von Interaktionen umfassen.

Gibello (1984, 176 ff) beschreibt, daß das Kind zwangsläufig die Auswirkungen aller Geschehnisse, die die Kontinuität seiner Einheit zerbrechen, insbesondere auf der Ebene seiner Gleichgewichtsrepräsentanzen, als Tun eines äußeren Objekts, eines „epistemischen Objekts“, deuten muß.

Wie man sieht, zeigen alle Untersuchungen der Interaktionen auf die eine oder andere Weise, daß affektive Austauschvorgänge, Identifizierungen und Repräsentanzen ein Kontinuum bilden. Freud hat diesen Gesamtvorgang als primäre Identifizierung bezeichnet. Manche Forscher wollten die Gleichzeitigkeit der kognitiven Prozesse betonen, die man auch so beschreiben kann: „Kriterienanalyse und dynamische Analyse zeigen deutlich die Vermischung affektiver und kognitiver Spannungen bei der Gestaltung der Beziehungsdynamik der Selbstbildung“ (Pinol-Douriez 1986).

Zusammenfassung

Wie man sieht, wollten wir in dieser Arbeit zeigen, daß die Identitätsprozesse sich im Übermittlungssystem familiärer Werte organisieren, die den erlebten Geschehnissen aufgrund einer reziproken Arbeit, die sowohl von den Eltern als auch von den Säuglingen geleistet wird, eine epigenetische Kraft geben. Man erkennt das an den repräsentativ und identifikatorisch wertvollen affektiven Mitteilungen zweier Partner, die sich erkennen, indem sie zuerst die Funktion des anderen erkennen. Indem sie den anderen identifizieren, können sie auch sich selbst als existent erkennen und sich mit ihm identifizieren.

Eine weitere Metapher soll diesen Gesichtspunkt verdeutlichen. Mit drei Monaten streckt das Kind die Arme aus, wenn es die Stimme seiner Mutter hört. Das Neugeborene kann sich nicht aufgrund eines phylogenetischen Bindungsprogramms wie die jungen Primaten an die Brusthaare seiner Mutter klammern, da es sich nicht fortbewegen und Nähe zu seiner Mutter herstellen kann, damit diese es beschützt. Die Mutter versteht jedoch, daß das Baby in die Arme genommen werden will, und sie gestattet ihm, sich an ihre Brust zu schmiegen. Man begreift, daß das Kind dieser Reaktion nun eine besondere Stellung einräumt und sie zu einem Element seines Einwirkens auf die Welt macht. Weil es auf das eingewirkt hat, was wir seine Mutter nennen, erkennt das Kind sich als auf sie einwirkend; es identifiziert sich mit seiner Wirkung und also mit ihr. Mit seinen Mitteln identifiziert es sie, erklärt sie zu seiner Mutter und bezeichnet sich als ihr Baby, ehe es auf das reagiert, was seine familiäre und bürgerliche Identität besiegelt.

Literatur

Abraham, K. (1916): Untersuchungen über die früheste prägenitale Entwicklungsstufe der Libido. – In: Psychoanalytische Studien, Band I. – Frankfurt/M.: Fischer 1969/1971, 84–112.

Bion, W. R. (1962): The psychoanalytic Study of Thinking. – In: Int. J. Psycho-Anal. 43, 306–310. – In dt.: Eine Theorie des Denkens. Psyche 17 (1963), 426–435.

Bowlby, J. (1969): Bindung. Eine Analyse der Mutter-Kind-Beziehung. – München: Kindler 1975.

Bruner, J. (1983): Savoir faire, savoir dire. – Paris: Presses Universitaires de France.

Bydlowski, M. (1987): Dettes de vie. – Paris: Presses Universitaires de France (im Erscheinen begriffen).

Cosnier, J. (1984): Observation directe des interactions précoces, ou les bases de l'épigenèse interactionnelle. – In: La Psychiatrie de l'Enfant XXVII, 107–126.

Ferenczi, S. (1909): Introjektion und Übertragung. – In: Schriften zur Psychoanalyse, Band I. – Frankfurt: Fischer 1970, 12–47.

Freud, A. (1936): Das Ich und die Abwehrmechanismen. – München: Kindler 1964; auch in: Die Schriften der Anna Freud, Bd. 1. – München: Kindler 1980.

Gibello, B. (1984): L'enfant à l'intelligence troublée. – Paris: Le Centurion.

Klein, M. (1946): Bemerkungen über einige schizoide Mechanismen. – In: Klein, M.: Das Seelenleben des Kleinkindes. – Stuttgart: Klett 1962 und Reinbek: Rowohlt Taschenbuch 1972.

Kreisler, L., Fain, M., Soulé, M. (1974): L'enfant et son corps. – Vendôme: Presses Universitaires de France.

Lebovici, S. (1960): La relation objectale chez l'enfant. – In: La Psychiatrie de l'Enfant III, 147–226.

Lebovici, S. (1983): Le nourrisson, la mère et le psychanalyste. – Paris: Le Centurion.

Mahler, M. (1968): Symbiose und Individuation, Band I, Psychosen im frühen Kindesalter. – Stuttgart: Klett 1972.

Pinol-Douriez, M. (1984): Bébé agi – Bébé actif. – Paris: Presses Universitaires de France.

Pinol-Douriez, M. (1986): In: Mazet, Ph., Lebovici, S. (Hrsg.): Penser, apprendre. – Paris: Echelle 1988.

Spitz, R. (1965): Vom Säugling zum Kleinkind. – Stuttgart: Klett 1972.

Stern, D. (1981): Mère – Enfant. Les premières relations. – Bruxelles: Pierre Mardaga.

Winnicott, D. W. (1941): Die Beobachtung von Säuglingen in einer vorgegebenen Situation. – In: Winnicott, D. W. (1958), 31–56.

Winnicott, D. W. (1947): Haß in der Gegenübertragung. – In: Winnicott, D. W. (1958), 75–88.

Winnicott, D. W. (1954): Die depressive Position in der normalen emotionalen Entwicklung. – In: Winnicott, D. W. (1958), 270–292.

Winnicott, D. W. (1956): Primäre Mütterlichkeit. – In: Winnicott, D. W. (1958), 153–160.

Winnicott, D. W. (1958): Von der Kinderheilkunde zur Psychoanalyse. – München: Kindler 1976.

Die depressive Reaktion
Ein Versuch über Individuation, Introjektion und Identifizierung

Heinz Müller-Pozzi (Zürich)

1. Einleitung

Unter dem Titel „Identifikation und Konflikt – Die Angst vor Liebesverlust und der Verzicht auf Individuation“ habe ich (1985) eine spezifische Form der Identifikation – ich nannte sie „globale Identifikation“ – beschrieben und sie mit einer spezifischen Form der Übertragung und Übertragungsbearbeitung in Verbindung gesetzt. Weitere klinische Erfahrungen ließen mich an dieser Verbindung mehr und mehr zweifeln. Die globale Identifikation kommt auch und viel häufiger in ganz anderen Übertragungsverläufen als den von mir (1985) beschriebenen zum Ausdruck. Ich bin zur Überzeugung gelangt, in der „globalen Identifikation“ dem „depressiven Kern“ einer Neurose zu begegnen. Ich möchte nun einige zentrale Gedanken meiner früheren Arbeit unter dem Gesichtspunkt der Depression, genauer: der depressiven Reaktion, erneut aufgreifen. Dann werde ich versuchen, die depressive Reaktion metapsychologisch im Verhältnis von Introjektion und Identifizierung näher zu bestimmen.

Die psychoanalytischen Versuche, die Depression zu verstehen, gehen von drei Ansätzen aus, für welche die Namen Abraham (1912 u. 1924) und Freud (1917e), Melanie Klein (1935 u. 1940) und Bibring (1952) exemplarisch stehen mögen. Eine umfassende Auseinandersetzung mit den verschiedensten Ansätzen findet sich bei Eicke (1977).

Freud (1917e) beschreibt in „Trauer und Melancholie“ die Depression als Verarbeitung eines Objektverlustes durch Wiedererrichtung des verlorenen Objektes im Ich. „Der Schatten des Objektes ist auf das Ich gefallen".

Melanie Klein versteht die Depression als die grundlegende Angst vor „Verlust des Liebesobjektes" infolge der Unfähigkeit des Ich, „seine guten Objekte gegen die verinnerlichten bösen Objekte und das Es zu beschützen und zu bewahren" (1935, 60).

Bibring sieht die depressive Reaktion kurz und bündig „als Begleiterscheinung eines teilweisen oder völligen Zusammenbruchs des Narzißmus des Ichs" (1952, 88).

Allen psychoanalytischen Ansätzen gemeinsam ist, daß es sich im depressiven Affekt um eine defizitäre, bzw. noch nicht mögliche Trauerreaktion handelt, die das Selbst- und Lebensgefühl in charakteristischer Weise dysphorisch färbt. Das impliziert, daß der depressive Affekt eine Reaktion des frühen, präödipalen Ichs auf einen präödipalen Konflikt ist. Es impliziert aber auch, daß Selbst und Objekt bereits als getrennt wahrgenommen werden können. Damit siedelt sich die depressive Reaktion im Bereich der Trennung-Individuation an, d.h. in einer Entwicklungsphase, die für den Aufbau der Objektbeziehungen und des Selbst von entscheidender Bedeutung ist. In Übereinstimmung mit Freud und Klein, aber im Gegensatz zu Bibring sehe ich in Objektverlust, Trennungsangst und Ambivalenz die ausschlaggebenden Momente der depressiven Reaktion.

2. Die depressive Neurose

Läßt sich diese stichwortartige Deduktion klinisch untermauern und differenzieren? Ich denke ja. Ich habe meine Überlegungen in der Auseinandersetzung mit einer Reihe von Analysen entwickelt, deren zentrale Pathologie bzw. Konfliktorganisation ich als „depressive Neurose" bezeichnen möchte. Ich meine damit die so häufigen neurotischen Störungen, die keine dauernden psychoneurotischen oder somatischen Symptome aufweisen, sondern vielmehr durch ihre allgemeine Depressivität, ihr „Leiden am Leben" und den damit einhergehenden unterschiedlichen Färbungen und vielfältigen Beeinträchtigungen der Beziehungen, des Erlebens und Verhaltens geprägt sind.

Was charakterisiert diese Neurosen im einzelnen? Die Diskrepanz von weitgehender Symptomfreiheit und starkem subjektivem Leiden widerspiegelt sich in der Diskrepanz von Selbstgefühl und objektiver Leistung. Sie leiden extrem unter Gefühlen von Insuffizienz, Unfähigkeit und Wertlosigkeit. Sie glauben das Leben nicht meistern zu können, ja gar nicht recht zu leben.

In krassem Gegensatz zu dieser Selbsteinschätzung werden sie von Kollegen, Mitarbeitern, Freunden als kompetente, aktive und unabhängige Menschen geschätzt. Auch dem Analytiker nötigen sie Achtung ab für ihre Leistungen, die von ihrer Lebensgeschichte her keineswegs selbstverständlich sind, deren adaptiver Wert im Konfliktgeschehen hingegen unverkennbar ist.

Frau B., die ich noch ein paarmal erwähnen werde, kommt aus ärmlichen Verhältnissen einer Berggegend. Sie wollte Ärztin werden, konnte aber diesen Wunsch nie laut werden lassen. Der Besuch des Gymnasiums wurde ihr versagt. Auf Umwegen studierte sie später Theologie und steht heute als aufgeschlossene und kritische Theologin in einem vielfältigen und anspruchsvollen Arbeitsfeld. „Eigentlich predige ich für mich selbst“, sagte sie einmal im Lauf der Analyse. Und in der Tat stehen ihre Predigten oft in dynamischer Wechselwirkung mit dem Geschehen in der Analyse wie Träume und Phantasien.

Beruf und Arbeit nehmen in diesen Analysen breiten Raum ein. Sie sind das Kampffeld der Individuationsproblematik. Unzufrieden mit ihrer Situation, sehen sich die Analysanden großen Ängsten gegenüber, wenn sie sich mit Neuem auseinandersetzen. Die Analyse scheint zu stagnieren, und sie stagniert wohl auch, wenn es dem Analytiker nicht gelingt, im Wust der sich monoton wiederholenden Schwierigkeiten die kleinen fast unmerklichen neuen Impulse in der Übertragung zu entdekken und sie, oft gegen hartnäckigen Widerstand des Analysanden, aufzugreifen und festzuhalten.

Gelingt an dieser Front ein Durchbruch, beginnen hartnäckige frühe Affekte die Hauptrolle zu übernehmen. Zum einen wird erst jetzt die generelle, alles durchdringende Depressivität des Patienten zugänglich.

Es entwickelt sich eine schwierige Situation in der Analyse, die vorerst wie eine negative therapeutische Reaktion anmuten mag. Alles scheint ins Rutschen zu kommen.

Zum andern greifen archaisch anmutende Gefühle von Scham, Schuld und Ungenügen Platz. Bei Frau B. waren es v.a. eine unverständliche, penetrante Scham und masochistisch anmutende „grandiose" Schuldgefühle, die in der Tat Größenphantasien mit negativem Vorzeichen zu entsprechen scheinen.

Wenn es gelungen ist, die Abwehr der Depression zu analysieren und der Depression zum Durchbruch zu verhelfen, spielt im Rahmen einer eigentlichen „Übertragungsdepression" die Auseinandersetzung mit der Mutter und der Ambivalenz ihr gegenüber die herausragende Rolle. Zuerst beherrscht die Bearbeitung typisch depressiver Inszenierungen außerhalb der Analyse und in der Übertragung das Feld. Frau B. kreierte immer wieder Situationen mit Bekannten, v.a. aber mit ihrer Schwester, in denen sie Verständnis für sich heischte, sie aber mit Sicherheit dieses Verständnis nicht bekam. Sie erzählte diese Geschehnisse geradezu mit „depressivem Triumph". Daß sie sich von mir ebenfalls unverstanden fühlte und auf mich wütend war, wehrte sie ab, indem sie sich in die Ecke des hoffnungslosen, undankbaren Falles zurückzuziehen versuchte. In dem Maß jedoch, in dem es mir gelang, die Übertragung der Szene einer hoffnungslosen Mutter *und* eines hoffnungslosen Kindes an- und aufzunehmen und gleichzeitig Anwalt ihrer Wünsche zu bleiben, konnten die Erinnerungen an eine unglückliche, fordernde, eben depressive Mutter explizit zur Sprache kommen.

Der Kern dieser Übertragungsdepression ist regelmäßig ein präödipaler Konflikt, der mit einer grundlegenden und spezifischen Reaktion der Mutter auf die Individuation des Kindes zusammenhängt.

3. Individuation und depressiver Konflikt

Es fehlt mir der Platz und es fehlen mir v. a. die darstellerischen Möglichkeiten, induktiv an meine Konzeptualisierung heranzuführen. So will ich versuchen, das Konzept der depressiven Reaktion theoretisch im Sinne einer klinischen Generaliserung zu entwerfen.

Die Individuation des Kindes beginnt mit der Entdeckung des eigenen Körpers. Hand in Hand damit geht das ebenso erregende wie ängstigende Gewahrwerden der Triebwünsche als das eigene Begehren. Mit der Erfahrung, daß seine Triebwünsche „innen" entstehen und die Befriedigung von „außen" kommt, tut das Kind die ersten Schritte aus der symbiotischen Verbundenheit mit der Mutter in die Welt der Triebe und Objekte.

Den Schritt in die Wirklichkeit der Triebe und Objekte kann das Kind nur unter dem Vorzeichen einer maßlosen Idealisierung sowohl seiner selbst wie auch des primären Objektes tun. Sicherheit, Wohlbefinden, Selbstgefühl, das Lebensgefühl insgesamt beruhen auf der Illusion der eigenen Allmacht und der Allmacht des primären Objektes. Unter diesem Vorzeichen beginnt die Zeit des *Übens*. Und in dieser Situation fordert das Kind alles. Es fordert absolute Autonomie und den absoluten Schutz der Mutter. In diesem Schutz wagt es sein „Liebesverhältnis mit der Welt". Es bewegt sich von der Mutter weg. Es ergreift nach und nach die äußere Wirklichkeit der belebten und unbelebten Objekte und beutet sie schamlos und ohne Rücksicht für seine stets neuen Bedürfnisse aus.

Das charakteristische Hochgefühl dieser Phase beruht nicht mehr auf primärnarzißtischem Glück, sondern auf der Lust der Triebbefriedigung. Auf der Grundlage von Versagung und Triebspannung beginnt das Kind aktiv zu werden, seine eigenen Sinne und Organe zu gebrauchen, um sich eine neue Welt zu erobern, die ihm Zärtlichkeit, Vergnügen, Wonne, Freude, Anregung, Lust gewährt. Das Hochgefühl kann sich aber nur in dem Maß entfalten, in dem die Mutter ihre Beziehung zum Kind mit dessen neuen, von ihr unabhängigen Wünschen erotisch ausbaut und aufrechterhält und so diesen neuen Wünschen und Zielen erst Sinn, Wert und Konstanz verleiht. Das Selbstgefühl des Kindes ist die Verinnerlichung dieser Beziehung. Im Scheitern dieses Prozesses liegt der Ansatz zur depressiven Reaktion.

Natürlich ist das skizzierte Bild von Individuation zu schön um wahr zu sein. In der Tat, die Idealisierung des Selbst *und* des Objektes, die Phantasie eigener Allmacht *und* der Allmacht des Objektes ist eine Illusion, die nicht Bestand haben kann. Es ist Aufgabe der Wiederannäherungsphase, die Idealisierung abzubauen und die eigene Welt allmählich von der Welt der Mutter abzugrenzen. Das ist zunächst ein schmerzlicher Vorgang, bedeutet er doch Verlust. Verlust am Selbst und Verlust am Objekt.

Man kann wohl in der Wiederannäherungskrise eine entwicklungsgemäße und -notwendige „depressive Krise“ sehen, geprägt durch das Gewahrwerden des eigenen durch die Wünsche, die Subjektivität des Objektes *begrenzte* Selbst. Die Übungsphase ist das Vorbild und die Grundlage des Hochgefühls, der Euphorie, aber auch der Manie, die Wiederannäherungsphase der depressiven Stimmungen.

Die depressive Krise wird zum depressiven Konflikt, wenn die Mutter das Vorpreschen des Kindes, die Expansion seiner unabhängigen libidinösen, aggressiven und narzißtischen Wünsche nicht ertragen kann und dem Kind eine Welt aufzwingen will, die ihrer inneren Welt entspricht. Die Begrenzung durch die Wünsche der Mutter, der das Kind im Prozeß der Entidealisierung zwingend begegnet, begegnen muß, ist dann nicht mehr relativ, durchlässig und dynamisch, geprägt durch den gegenseitigen Austausch, sondern absolut, undurchlässig, starr, definiert durch das, was die Mutter zuläßt, zulassen kann.

Unter solchen Bedingungen wird die Zuwendung zur Außenwelt dem Kind nicht zum erregenden, sondern zum bedrohlichen Abenteuer. Statt Lust erlebt es Angst, wenn es auf der Realisierung seiner Impulse beharrt. Und zwar in zweifacher Hinsicht. Einmal Triebangst, denn ohne die erotische Unterstützung der Mutter ist es seinen individuellen triebhaften Wünschen hilflos ausgeliefert. Zum andern Angst, die Mutter als geliebtes und befriedigendes und auch konfliktfähiges Objekt zu verlieren. Das Kind droht, sich in einen ganz frühen, in der Beziehung nicht lösbaren Konflikt zwischen seinen eigenen Impulsen und den Forderungen der Mutter zu verstricken.

4. Die depressive Reaktion

Die depressive Reaktion ist ein spezifischer Lösungsversuch dieses Konfliktes. Er folgt an sich den Wegen der „normalen“ psychischen Entwicklung. Zwei Bewegungen kennzeichnen sie: Einmal die Hinwendung zum Vater, d.h. zum dritten Objekt. Erst wenn diese Hinwendung mißlingt oder nicht genügt, kommt es zur eigentlich depressiven Reaktion: Eine durch Identifikation statt libidinöse Wiederbesetzung geprägte Wiederannäherung an die Mutter.

Mit der Hinwendung zum Vater und der Etablierung einer verinnerlichten triangulären Struktur ist die grundlegende Beziehung zur Realität gesichert. *Erste aktive Identifizierungen mit dem präödipalen Vater, d.h. dem idealisierten dritten Objekt sind möglich.* Das findet in der Analyse einen eindrücklichen Niederschlag: Der Wiederbelebung der Depression geht ein hartnäckiger und verzweifelter Kampf um den idealisierten *und* ödipalen Vater voraus. Aber alle derartigen Bemühungen fallen ins Leere, wie ein Ball, den man an einen zugezogenen Vorhang wirft.

Die Hinwendung des Kindes zum triangulären und ödipalen dritten Objekt führt also kaum aus dem depressiven Konflikt heraus. Sie gibt dem Kind aber – und dieser Gewinn kann nicht hoch genug veranschlagt werden – die Mittel an die Hand, den Konflikt abzuwehren: *Die Fähigkeit zur neurotischen Konfliktbewältigung und zum Ertragen von Ambivalenz* im allgemeinen, *die Identifikation* im besonderen. Das Kind hat in der Beziehung zum dritten, nicht symbiotischen Objekt den Modus der „sekundären Identifikation" erworben und kann diese Möglichkeit nun im Abwehrkampf mit der Imago der versagenden „bösen Mutter der Trennung" einsetzen. Das nun gibt der depressiven Wiederannäherungskrise ihr spezifisches Gepräge.

Die Wiederannäherung an die Mutter, die auf die Enttäuschung am idealisierten Vater folgt, ist nicht eine libidinöse Wiederbesetzung der Mutter auf einem neuen, früh-genitalen Niveau. Sie erfolgt vielmehr auf dem Weg einer *globalen Identifikation mit der versagenden Mutter,* genauer: sie führt zu einer undifferenzierten, pathologischen und pathogenen Identifizierung mit den frustrierenden Aspekten der Mutter (Müller-Pozzi, 1985). Global nenne ich diese spezische Identifikation in Abhebung von den selektiven, partiellen Identifizierungen, die dem Ich Stärke und dem Selbst Charakter geben. Ganz anders die globale Identifikation. Sie ersetzt ein Stück libidinöse Besetzung, „was den Erfolg hat, daß die Liebesbeziehung trotz des Konfliktes mit der geliebten Person nicht aufgegeben werden muß“ (Freud, 1917e, 436). Diese Form der Identifikation macht das Wesen der *depressiven Reaktion* aus. Die depressive Reaktion ist der Verzicht des Kindes, in zentralen Bereichen seines Selbst sich selbst zu sein, das eigene Leben zu leben. Für den Depressiven ist das Leben immer anderswo. Es gehört zu seinen endlos variierten Klagen, das Leben verpaßt, nicht gelebt zu haben. Und er hat ja recht damit.

5. Der depressive Mechanismus: Zur Metapsychologie der depressiven Reaktion

So weit so gut. Nur, diese klinische Beschreibung und Generalisierung will mich noch nicht so recht befriedigen, sagt sie doch gar wenig über den depressiven Mechanismus aus, darüber, wie die depressive Reaktion funktioniert, welche verinnerlichte Konfliktsituation sich in ihr äußert. Auch über den spezifischen Objektverlust und die Ambivalenz der depressiven Reaktion möchte man doch Genaueres wissen.

Der Versuch, das gewonnene klinische Verständnis metapsychologisch zu vertiefen, dürfte sich zumindest lohnen. Man hat's damit allerdings – wie so oft mit der Metapsychologie – nicht leicht. Denn die metapsychologischen Konzepte, die man zuhilfe nehmen möchte, die Konzepte der Trennung-Individuation, der Verinnerlichung, Introjektion und Identifizierung, bedürfen selbst erst der metapsychologischen Klärung. Das wäre eine eigene Abhandlung wert.

Da es diese Abhandlung noch nicht gibt, sehe ich mich gezwungen, im Urwald dieser Konzepte und Begriffe für den vorläufigen Hausgebrauch einige wenige Pflöcke einzuschlagen, welche die depressive Reaktion metapsychologisch als Identifizierung mit einem Introjekt fassen lassen.

Von nöten wäre zu allererst die klare metapsychologische Verhältnisbestimmung von Trennung und Individuation einerseits, von Verinnerlichung, Introjekten und Identifikation andererseits.

Wenn man von *Trennung* redet, bringt man allzu leicht drei Aspekte durcheinander, die man im Dienste theoretischer Klarheit und klinischer Relevanz klar unterscheiden sollte. Zunächst wurde der Begriff Trennung im allgemeinen Sprachverstand in die Psychoanalyse aufgenommen und rein deskriptiv verwendet. In diesem Sinne bedeutet Trennung zeitweiligen oder endgültigen Verlust des Objektes, v.a. der Mutter. Das Kind erleidet die Trennung, sie wird ihm zugefügt. Bowlby und Spitz z.B. benutzen den Begriff in diesem Sinn und beschreiben die Folgen früher Trennungen des Kindes von der Mutter. Depression ist aber nicht Reaktion auf Trennung in diesem Sinne. Schon Freud (1917e, 437) hat das deutlich ausgedrückt: „Die Anlässe der Melancholie gehen meist über den klaren Fall des Verlustes durch den Tod hinaus und umfassen alle die Situationen von Kränkung, Zurücksetzung und Enttäuschung, durch welche ein Gegensatz von Lieben und Hassen in die Beziehung eingetragen oder eine vorhandene Ambivalenz verstärkt werden kann." Auch Spitz hat das sehr wohl gesehen, wenn er die Folgen frühen Objektverlustes nicht als Depression, sondern als *anaklitische* Depression beschreibt.

Mahler nimmt den Begriff in ihrem Konzept von Trennung-Individuation in einem ganz anderen Sinne auf. Sie beschreibt (1978, 85) Trennung als die *aktive* äußere Loslösung und intrapsychische Distanzierung, Differenzierung, Abgrenzung und Abwendung des Kindes von der Mutter, und zwar von der *symbiotischen* Mutter. Trennung in diesem Sinn bedeutet Differenzierung von Selbst und Objekt, metapsychologisch den Aufbau unterschiedener Selbst- und Objektrepräsentanzen. Depression ist aber nicht, wie Grunberger (1976) annimmt, eine Reaktion auf die narzißtische Wunde, die Loslösung aus der symbiotischen Zweieinheit.

Hand in Hand mit der Trennung von Selbst und Objekt – und das ist die dritte psychoanalytische Bedeutung von Trennung, auf die es hier entscheidend ankommt – verläuft die Trennung von „innen" und „außen", von „innerer" und „äußerer Welt", d.h. von Objekt und Objekt*repräsentanz*, bzw. Selbst und Selbst*repräsentanz*, von Bezeichnetem und Bezeichnendem, von Ding und Symbol. Die Trennung von innen und außen wird oft leichtfertig mit der Trennung von Selbst und Objekt vermischt oder gar gleichgesetzt. Es ist dann von Verschmelzung und Symbiose die Rede, wo es keineswegs um die Verwischung von Selbst und Objekt, sondern von äußerer und innerer Welt geht. Daß diese

Verwechslung zu verhängnisvollen klinischen Fehleinschätzungen führen kann, brauche ich nicht besonders auszuführen.

Die Trennung von innen und außen ist die Voraussetzung der Individuation, d.h. des Aufbaus einer eigenen inneren Welt und der Entfaltung von intrapsychischer Autonomie. Erst der Aufbau einer Welt der Repräsentanzen, die unterschieden werden kann vom Repräsentierten, erlaubt es dem Kind auch, seine Welt von der Welt der Mutter abzugrenzen. Individuation vollzieht sich auf dem Weg der *Verinnerlichung*.

Die „inneren Objekte" und die verinnerlichten Objektbeziehungen sind der intrapsychische Niederschlag der gelungenen Konfliktlösungen im Wachstum und den Krisen der gesunden Persönlichkeit. Sie bestimmen das Ausmaß, in dem in neuen Beziehungen auch Ambivalenz ertragen und Konflikte ausgehandelt werden können, ohne Gefahr für die Beziehung und die Triebbefriedigung.

Davon abheben möchte ich einen ganz anderen Modus der „Internalisierung", die *Introjektion*. Sie bedeutet eine Störung der schrittweisen Trennung von Objekt und Repräsentanz und des allmählichen Aufbaus eines *eigenen inneren Bildes* des Objektes, geformt nach den eigenen Wünschen, Erfahrungen und Phantasien. Statt dessen kommt es zu einer *Errichtung des Objektes* im Ich, bzw. in der inneren Welt. Das Objekt wird gewissermaßen unverdaut, ungeformt in die innere Welt übernommen, introjiziert, und verbindet sich mit den unbewußten, v.a. den destruktiven Phantasien. Die Introjekte können durch Erfahrung nicht korrigiert und modifiziert werden. Natürlich ist auch das Introjekt eine innere Repräsentanz eines äußeren Objektes. Es kann aber nicht in die innere Welt integriert werden und behält daher einen unabhängigen Status, indem es die Funktion des Objektes beibehält, aus dem es sich entwickelt hat. Im Bereich der Introjektionen ist affektiv – nicht kognitiv – die Unterscheidung von innen und außen mangelhaft. So erleben wir z.B. Überich-Forderungen zwingend, als kämen sie von einem äußeren Objekt, das tatsächlich die Macht zu den angedrohten Sanktionen hätte.

Die Introjektion ist ein ebenso fundamentaler Vorgang wie die Verinnerlichung. Ja, ich möchte Introjektion in enger Wechselwirkung mit Verinnerlichung verstanden wissen. Sie dient primär dem Schutz der verinnerlichbaren und verinnerlichten Objektbeziehungen. Introjiziert werden die konflikthaften Aspekte des Objektes, die nicht innerhalb der Objektbeziehung ausgehandelt werden können. Die Introjekte bleiben ambivalent und konflikthaft, konstituieren Wiederholungszwang und Übertragung.

Nun ist selbstredend Introjektion nicht spezifisch für die Depression. Im Gegenteil, jede Form psychischer Störung beruht auf Introjektion. Man könnte die spezielle Neurosenlehre als unterschiedliche Umgangsweisen des Ich mit unterschiedlichen Introjektionen begreifen. Freud jedoch – und die meisten Analytiker sind ihm darin gefolgt – mißt der Introjektion im depressiven Konfliktgeschehen ganz besondere Bedeutung bei. In der Tat werden in der Depression, anders als beispielsweise in den symptomneurotischen oder psychosomatischen Störungen, die Introjekte nicht in Symptome umgesetzt. Anstelle des Symptoms tritt nun die *Identifikation mit dem Introjekt.*

Damit haben wir uns durch das Gewirr der verschiedenen „Internalisierungsvorgänge" zum depressiven Mechanismus durchgeschlagen. Einen Pfahl gilt es jetzt noch zu setzen. Wir müssen uns vergegenwärtigen, daß Freud Introjektion und Identifizierung oft synonym verwendet hat. Die beiden Begriffe bezeichnen aber zwei ganz verschiedene Vorgänge. *Identifizierung* ist die Veränderung einer Selbstrepräsentanz nach dem Muster einer Objektrepräsentanz *oder eines Introjektes*. Die Unterscheidung der Identifizierung mit einem Objekt, bzw. einer Objektrepräsentanz und der *Identifikation mit einem Introjekt* ist für das psychoanalytische Verständnis der depressiven Reaktion schlechthin entscheidend. Die Identifikationen mit dem Objekt sind selektiv und partiell. Sie dienen dem Aufbau und der Bereicherung des Selbst. Identifikationen mit dem Introjekt sind dagegen undifferenziert, global und einengend. Sie sind Identifikation mit der affektiven Erlebensweise des Objektes, seiner inneren Welt. Sie dienen der Konfliktvermeidung und dem Schutz der verinnerlichten „guten", d.h. konfliktfähigen Objektbeziehung.

Die depressive Reaktion, d.h. die globale Identifizierung, ist eine Identifikation mit einem Introjekt. Welcher Art ist nun das Introjekt, mit dem sich das Kind in der depressiven Reaktion identifiziert? Welche Konfliktsituation spiegelt sich in der depressiven Reaktion? Das eine ist bereits gesagt: das Introjekt, mit dem sich das Kind identifiziert, ist aus den konflikthaften Anteilen der „Mutter der Trennung“ hervorgegangen, die ganz bestimmte Individuationswünsche des Kindes nicht aufnehmen, mit ihren inneren Möglichkeiten, ihrer verinnerlichten Welt darauf nicht antworten kann.

Damit ist aber immer noch nicht erfaßt, auf welche Wünsche und warum das Kind depressiv reagiert. Vergegenwärtigen wir uns kurz die dynamisch-ökonomischen Verhältnisse der Wiederannäherung. Die Beziehung zur Mutter ist geprägt durch ein rasches Fluktuieren von libidinöser und aggressiver Besetzung, entsprechend dem Wechselspiel von Annäherung und Weglaufen, von Angst vor Abhängigkeit und Objektverlust. Wir sagen, das Kind trotzt. Die äußere und innere Entfernung von der Mutter bedeutet in ökonomischer Hinsicht aber nicht allein Besetzungsabzug, sondern Besetzungsverschiebung. Zuerst auf das dritte Objekt. Die Individuation beginnt mit der frühen Triangulierung. Dann kommt es weiter zur Besetzung von phantasierten Objekten, von Übergangsobjekten und neuen Objekten der Außenwelt.

Während also das Kind auf der einen Seite in die Kämpfe um eine konstante Liebesbeziehung zur Mutter verstrickt ist, bricht es bereits zu neuen Ufern auf. Und die Mutter hat ihm darin zu folgen oder gar voranzugehen. Das Kind kann nicht ohne massive affektive Unterstützung durch die Mutter zu den Objekten seiner neuen Triebwünsche gelangen. Sie muß sich mit den neuen von ihr unabhängigen wunschbestimmten Objekten identifizieren, diese dadurch erotisch aufladen und narzißtisch aufwerten, damit sie das Kind überhaupt erkennen und als seine Objekte ergreifen kann. Darin liegt wohl die zentrale Funktion dessen, was Mahler als checking back und emotionales Auftanken beschrieben hat. Ob ich wohl deutlich machen konnte, in welch hoffnungslos paradoxer Lage sich das Kind befindet? In seinem Bestreben, von der Mutter unabhängig zu werden, ist es in hohem Maße auf ihre Unterstützung angewiesen. Das verstärkt die Ambivalenz.

Entsprechend ist die Mutter mit einer zweifachen Aufgabe konfrontiert. Sie muß einmal die libidinöse Zuwendung des Kindes, die nochmals ausgeprägt regressiv oral fordernd sein kann, aufnehmen, sich im Gewoge der rasch wechselnden Gefühle von Liebe und Haß als unbeirrbares und unzerstörbares Liebesobjekt bewähren. Zum andern muß sie den neuen Qualitäten und Zielen der sich ausweitenden analen und phallischen Impulse Sinn und Wert verleihen, indem sie die neuen Aktivitäten und Objekte des Kindes erotisch ausfüllt und narzißtisch spiegelt.

Es ist nicht der Mangel an libidinöser Zuwendung innerhalb der primären Beziehung, die die Wiederannäherungsphase depressiv prägt. Im Gegenteil. Die Mütter depressiver Patienten sind bisweilen im Übermaß bereit, die an sie gerichteten Wünsche zu befriedigen.

Die depressive Reaktion ist eine Reaktion auf ein Scheitern der Mutter an der zweiten Aufgabe. Aber auch das muß ich differenzieren. Die Mutter versagt keineswegs auf der ganzen Linie. Ihre Versagung betrifft auch nicht einfach Wünsche, für die ihr die Antennen fehlen, die sie nicht beantworten könnte, weil sie ihrem eigenen Wesen fremd wären. Die Fähigkeit der hinlänglich guten Mutter, bei ihrem Kind Neues und ihr Fremdes wahrzunehmen und mit Freude und Stolz zu quittieren, ist beträchtlich. Die Mutter versagt sich Wünschen des Kindes gegenüber, die eigene abgewehrte Wünsche reaktivieren und ihre Abwehr bedrohen. Und die Mutter reagiert darauf – depressiv!

Es ist eindrücklich, wie regelmäßig und unabhängig vom sonstigen Charakter der Mutter das Bild einer depressiven Mutter das Feld beherrscht, wenn der depressive Kern einer Neurose in der psychoanalytischen Situation wiederbelebt wird. Frau B. träumte – und es ist dies einer jener Träume, die für eine ganze Analysenphase zum Leitmotiv werden –: „Ich will etwas machen. Die Mutter sagt, das kannst du nicht. Der Vater geht vorbei und murmelt: Ich geh jetzt weg. Frau B. antwortet: Ich würde weglaufen." – Das kannst du nicht! Die Mutter sagt es nicht verbietend, nicht herablassend, nicht verächtlich. Sie sagt es ängstlich, bekümmert – kurz: depressiv. Die Reaktion der Patientin drückt mancherlei aus. Einmal ihre Wut dem Vater gegenüber, der wegläuft, ihre Identifikation mit der Mutter, die nicht weglaufen kann und ihre eigene Depression, die bange Frage: Was geschieht, wenn ich weglaufe. Sich aus der Welt der Mutter lösen hieß für sie weglaufen, sich wegstehlen und erfüllt sie mit Schuldgefühlen.

Mit der doppelten Bewegung, der Introjektion und der Identifikation mit dem Introjekt, versucht das Kind seiner Angst vor Objektverlust und seiner Ambivalenz der befriedigenden und versagenden Mutter gegenüber Herr zu werden. Sein Haß gilt der Mutter, die seinen neuen Triebwünschen die leidenschaftliche Anteilnahme versagt und sich nicht als affektive Brücke hin zu neuen Objekten zur Verfügung stellt. Die Abwehr durch Identifizierung ist wohl eines der Hauptmittel des Menschen, ein Übermaß an Angst vor Liebesverlust zu bewältigen, „besonders dann, wenn das Kind vor dem Problem steht, einen Konflikt zwischen seinem Bedürfnis nach Liebe eines Objektes und seinen feindlichen Gefühlen gegen dieses Objekt zu schlichten" (Sandler, 1960, 737).

Die depressive Reaktion ist Reaktion auf drohenden Objektverlust in der Phase sich bildender neuer Objektbeziehungen. Sie ist die Reaktion des sich individuierenden Kindes, das durch sein Liebesverhältnis zur Welt sein Liebesverhältnis zur Mutter gefährdet sieht. Ein späterer realer Verlust einer geliebten oder gehaßten Person führt nur dann in eine klinische Depression, wenn die verlorene Person Träger des externalisierten Introjektes der depressiven Mutter war.

Darin liegt der spezifische Objektverlust welcher der Depression zugrunde liegt. Dem Depressiven fehlen immer die Objekte für seine libidinösen Wünsche und narzißtischen Ziele. Und es fehlen ihm in zentralen Bereichen seines Selbst die verinnerlichten Objektbeziehungen, die seinem aggressiven Potential konstruktive Wege weisen könnten. In diesem Sinne ist Depression zweifellos immer auch die Reaktion auf einen teilweisen Zusammenbruch des Narzißmus.

Der Depressive ist immer auf zwei Seiten ungenügend oder schuldig: Dem Introjekt gegenüber, dessen Ansprüchen er nie gerecht werden kann. Und den eigenen Wünschen und Zielen gegenüber, die er nicht erreichen darf. Es bleibt ihm kein anderer Weg, als nach Vollkommenheit zu streben, und er haßt sich, weil er nicht vollkommen ist. Frau B.: „Ich müßte nur ganz anders sein, dann wäre alles in Ordnung." Und sie sagt das in verschiedenen Phasen der Analyse in unterschiedlicher Weise und unterschiedlicher Betonung.

6. Die Metapsychologie der depressiven Reaktion und die Psychologie der Depression

Es mag vermessen erscheinen, eine depressive Reaktion als Kern des depressiven Konfliktgeschehens konzeptualisieren zu wollen. Jacobson (1977, 215 ff) hat schon 1947 gewarnt, die Depression von *einem* Ansatz aus verstehen zu wollen. Und Widlöcher (1986) hat erst kürzlich aufgezeigt, auf wie vielen unterschiedlichen Ebenen die Logik dieses Leidens begriffen werden muß. In der Tat: Die Metapsychologie der depressiven Reaktion ist noch nicht die Psychologie der Depression bzw. der Depressionen. V.a. wäre der depressiven Neurose die depressive Psychose entgegenzustellen. Könnte es sein, daß in der depressiven Psychose die hauptsächlichste „Fixierungsstelle“ bereits in der Übungsphase, der depressiven Neurose jedoch – wie ich postuliere – in der Wiederannäherungsphase liegt? Diese und viele andere Fragen müßten geprüft werden.

Die Psychiater würden wohl die von mir sogenannte depressive Neurose gar nicht als Depression einstufen. In der Tat spiegelt sie weniger die Depression als den andauernden Kampf mit der Depression. Psychoanalytischer Erkenntnisgewinn nimmt aber allemal seinen Ausgang dort, wo eine spezifische Dynamik als Übertragungskonflikt im Geschehen der psychoanalytischen Situation inszeniert und gestaltet werden kann. So denke ich, daß die depressive Neurose etwas enthüllt, was auch einiges zum Verständnis anderer Formen von Depression und nicht zuletzt des depressiven Kerns beiträgt, der sich hinter den verschiedensten Neurosen verstecken kann, und, wenn er nicht erkannt wird, die Auflösung der Übertragungsneurose erschwert, wenn nicht gar verhindert. Aber nach wie vor werden wir – so Freud (1917e, 428) in der Einleitung zu „Trauer und Melancholie“ – „den Anspruch auf allgemeine Gültigkeit unserer Ergebnisse von vornherein fallen lassen und uns mit der Erwägung trösten, daß wir mit unseren gegenwärtigen Forschungsmitteln kaum etwas finden können, was nicht *typisch* wäre, wenn nicht für eine ganze Klasse von Affektionen, so doch für eine kleinere Gruppe.“

Literatur

Abraham, K. (1912): Ansätze zur psychoanalytischen Erforschung und Behandlung des manisch-depressiven Irreseins und verwandter Zustände. – In: Psychoanalytische Studien, Band II. – Frankfurt/M.: S. Fischer 1971.

Abraham, K. (1924): Versuch einer Entwicklungsgeschichte der Libido auf Grund der Psychoanalyse seelischer Störungen. – In: Gesammelte Schriften II. – Frankfurt/M.: S. Fischer 1982.

Bibring, E. (1952): Das Problem der Depression. – In: Psyche 4, 81–101.

Eicke, M. (1977): Zur Entwicklung der psychoanalytischen Theorie der Depression. – In: Psyche 31, 1079–1125.

Freud, S. (1917 e): Trauer und Melancholie. – Gesammelte Werke, Band X. – Frankfurt/M.: S. Fischer 1946, 427–446.

Grunberger, B. (1976): Studie über die Depression. – In: Vom Narzißmus zum Objekt. – Frankfurt/M.: Suhrkamp.

Jacobson, E. (1977): Depression. – Frankfurt/M.: Suhrkamp.

Klein, M. (1935): Zur Psychogenese der manisch-depressiven Zustände. – In: Das Seelenleben des Kleinkindes. – Stuttgart: Klett-Cotta 1983.

Klein, M. (1940): Die Trauer und ihre Beziehung zu manisch-depressiven Zuständen. – In: Das Seelenleben des Kleinkindes. – Stuttgart: Klett-Cotta 1983.

Mahler, M. S., Pine, F., Bergmann, A. (1978): Die psychische Geburt des Menschen. Symbiose und Individuation. – Frankfurt/M.: S. Fischer.

Müller-Pozzi, H. (1985): Identifikation und Konflikt. Die Angst vor Liebesverlust und der Verzicht auf Individuation. – In: Psyche 39, 877–904.

Sandler, J. (1964): Zum Begriff des Über-Ichs. – In: Psyche 28, 723–743.

Widlöcher, D. (1986): Die Depression. Logik eines Leidens – psychoanalytisch, biologisch, historisch, sozial. – München: Piper.

Temperament und Transaktion als Bausteine des Charakters

James M. Herzog (Boston)

Die vorliegende Arbeit wird sich mit der Frage der miteinander verknüpften Beiträge von Temperament und Transaktion zur Charakterentwicklung beschäftigen. Die verwendeten Daten werden in erster Linie psychoanalytische sein, sowohl von Erwachsenen als auch von Kindern; meine Ausführungen werden sich jedoch auch auf Beobachtungsdaten aus der Entwicklungspsychologie stützen. Ich werde die Analyse einer Erwachsenen und zwei Fälle von Kindern darlegen und dann meine Gedanken zu Formulierung, Generalisierbarkeit, Anwendung und Relevanz für das gegenwärtige Denken auf unserem Gebiet anfügen.

Dr. K. ist sich nicht bewußt, während der Analysestunden besonders angespannt zu lauschen, doch sie hört alles. Wenn der Analytiker sich in seinem Sessel bewegt, fragt sie sich, was vorgeht. Sie überwacht die Atmung des Analytikers und nimmt Änderungen scharf wahr. Vor allem aber horcht sie auf seine Stimme. Sie hört leichte Heiserkeiten und die dahinter liegenden Affektveränderungen heraus. Der Analytiker selbst ist sich der stimmlichen Merkmale, auf die Dr. K. reagiert, oft nicht bewußt. Er bestreitet ihre Existenz nicht, vermutet jedoch, daß da eine Schwelle, eine Nebenbedeutung oder eine Empfindlichkeit besteht, die ihm entgeht. Er hofft, er werde lernen, das zu hören, was Dr. K. hört, und teilt ihr dieses Bestreben mit. Dr. K. erkennt die Absicht des Analytikers an, äußert jedoch das Gefühl, kritisiert zu werden. „Ich verstehe, daß Sie sagen, Sie hörten den Ton nicht, doch es fühlt sich an, als sagten Sie, daß er nicht existiert – daß ich mich irre." Trotz oder gerade wegen dieses Gefühls von Kritik sind Analytiker und Analysandin an solchen Vorkommnissen interessiert.

Manchmal wird Dr. K. noch bekümmerter. Sie hört, wie der Analytiker sie anschreit. Meist sind es Verbote, die er da herausschreit. Dr. K. ist von diesen Vorfällen so schockiert, daß es schwerer wird, sie zu betrachten. Der Analytiker ist ziemlich sicher, daß er nicht geschrien hat, doch in gewisser Weise hat er Verbote geäußert. Er kann eine Stunde nicht verlegen, oder aber er war gezwungen, einen Termin zu verschieben, manchmal hat er auch die Stunde in einem ungeeigneten Augenblick beendet. Immer fand dabei ein Bruch der Empathie statt. Der Analytiker bietet Dr. K. die Deutung an, es fühle sich an, als schreie er, wenn er und sie nicht mehr auf der gleichen Wellenlänge seien, vielleicht, wenn es um die Zeit der Sitzungen gehe. Es fällt Dr. K. schwerer, den Begriff „es fühlt sich an, als ob“ zu akzeptieren. Sie ist sicher, daß der Analytiker schreit, und interessiert sich dann allmählich mehr für die Möglichkeit, ihre Wahrnehmung seiner Äußerungen könne vielleicht nicht ganz mit der Lautstärke oder dem Affekt übereinstimmen, die die Stimme des Analytikers tatsächlich aufweist oder enthält. Dies erschreckt Dr. K. sehr, und gleichzeitig fängt es an, sie zu faszinieren.

Sie kam wegen Schwierigkeiten in ihrer zweiten Ehe in Analyse. Nach einer großen persönlichen Tragödie empfand sie ihren Mann als gefühllos, wenn nicht als direkt feindselig. Da ähnliche Umstände mit dem Zusammenbruch ihrer ersten Ehe einhergingen und ihr auch aus ihrem Arbeitsleben nicht unbekannt waren, wollte sie mehr über ihre eigene Rolle in diesem wiederkehrenden Dilemma erfahren. Sie empfindet dieses Bedürfnis besonders deutlich, da sie inzwischen drei Kinder hat.

Die Analyse schreitet voran, und wir erfahren viel über Dr. K.s Kindheit. Sie stellt die Ansprechbarkeit ihres Vaters, genauer gesagt, seine Fähigkeit, Unterschiede zwischen seinen Kindern zu machen, dem Stil ihrer Mutter gegenüber. „Es war, als sei es ganz gleich, mit welchem Kind sie gerade sprach – sie sagte immer dasselbe.“ Dr. K. ist eines von sechs Kindern, zweite Tochter und drittes Kind. Ihr Vater, den sie sehr liebte, war ein prominenter Musiker, der viel reiste und daher oft abwesend war. Manchmal hatte sie das Gefühl, als sie ein Kind war, habe er ihren Tonfall und ihre Stimme besonders gut verstanden, sehr viel besser jedenfalls als die ihrer Mutter. Einmal jedoch, als Dr. K. ihre Mutter wütend aufgefordert hatte, sie nicht anzuschreien, hatte er die Tochter vernichtend getroffen, indem er ihr sagte, daß ihre Mutter erstens nicht schreie und daß es ihr zweitens nicht zukomme, ihre Mutter zu maßregeln. Diese Erinnerungen sind sehr schmerzlich für Dr. K.; sie schluchzt, während sie ihre Demütigung noch einmal durchlebt. Sie ist sicher, daß ihre Mutter wirklich geschrien hat, und sie weiß, daß ihr Vater das auch hörte. Jetzt fragt sie sich zum ersten Mal, ob er es vielleicht doch nicht gehört oder ihre Mutter gar nicht geschrien habe. Das sei ein unfaßbarer Gedanke. Der Analytiker fragt, wieso, und Dr. K. sagt, er lache sie aus. Der Analytiker antwortet, Dr. K. meine vielleicht, er nehme ihr Dilemma nicht ernst genug. „Nein", stellt sie fest, „Sie lachen. Ich höre Sie lachen." Diesmal sagt der Analytiker ganz direkt: „Nein, ich lache nicht." Dr. K. ist schrecklich aufgebracht. Sie schluchzt und rutscht heftig auf der Couch herum. „Ich höre Sie lachen", sagt sie weinend. „Das mag sein – Sie hören mich lachen, aber ich lache nicht", antwortet der Analytiker.

Die Analyse wird schwieriger, als Dr. K. den Analytiker weiterhin lachen „hört". Der Analytiker sucht nach einer Erklärung. Liegt hier dasselbe Problem vor wie bei dem „Schreien"? Hört er nicht, was vor sich geht? Hat er über etwas gelächelt? Er ist unsicher. Die Situation ist genau wie die mit Dr. K.s überempfindlichem Gehör, das sie beide erkannt haben, gleichzeitig aber auch ganz anders. Es gibt da einen Traum; auf eine der Assoziationen dazu folgt eine Frage von Dr. K.: „Erinnern Sie sich, daß ich Ihnen schon vorher von diesem kleinen Jungen erzählt hatte?" (Dr. K. ist Neurologin, und ihre Arbeit mit tauben Kindern genießt einen besonderen Ruf.) Der Analytiker meint sich zu erinnern und fragt, warum sie diese Frage stelle. Dr. K. drängt ihn zu antworten. „Ich kann ohne Antwort nicht fortfahren." Der Analytiker bemerkt, manchmal höre sie alles oder sogar mehr als alles, und nun müsse sie etwas hören – aber was? Die betreffende Assoziation bezieht sich auf eine besonders geschickte klinische Arbeit, die Dr. K. mit einem kleinen tauben Jungen durchgeführt hat. Sie haben sich miteinander eine Sprache ausgedacht. Das bringt uns zurück zu dem Gefühl, sie und ihr Vater hätten sozusagen die gleiche Sprache gesprochen, wir beide dagegen nicht. Ich lache sie angeblich aus und antworte nicht auf ihre Fragen. Wir kommen auf eine sehr bedrückende Erinnerung aus ihrer frühen Kindheit zurück. Ihre Eltern schreien einander an. Sie liegt im Bett ihrer Eltern. Sie kann nicht verstehen, was da gesagt wird. Dann ist da ein Lachen oder irgendein anderes Geräusch. „Wie das, was Sie von mir hören?“ fragt der Analytiker.

Dr. K. entwickelt Krampfanfälle. Sie hat sonst nie Schmerzen oder Beschwerden, deshalb ist das ganz ungewöhnlich. Sie schreibt es unserer Arbeit zu. Sie meint, sie habe nie zuvor Krämpfe gehabt, außer als kleines Kind, wenn sie Koliken hatte. Natürlich erinnert sie sich daran nicht, aber ihre Mutter pflegte davon zu sprechen – es vielmehr herauszuschreien. Plötzlich erscheint ein Gedanke an das Urinieren in einem Schwimmbecken und dann ein tatsächlicher Vorfall, an dem ihre Tochter beteiligt ist. Sie beschreibt ihre Reaktion in allen Einzelheiten. Sie scheint ihr Einfühlungsvermögen, ihr Verständnis für die Entwicklung und ihre Übereinstimmung mit ihrer Tochter zu betonen. „Sie haben nicht gelacht“, sagt der Analytiker dazu. Eine weitere Erinnerung taucht aus der Verdrängung auf. Dr. K. ist etwa zwei Jahre alt. Sie sitzt in der Badewanne und defäziert. Wie wunderbar, denkt sie dabei, ein kleiner, brauner Spielgefährte. Sie macht Wellen, so daß er wegtreibt, und holt ihn dann wieder. Plötzlich hört sie einen durchdringenden Schrei – nein, ein Lachen. Das ist ihre Mutter, die da lacht, die sie auslacht. Dr. K. fühlt sich zerschmettert. Wo ist ihr Vater? Warum bringt er die Mutter nicht zum Schweigen? Das Geräusch ist unerträglich. Sie fängt an, ihren braunen Freund mit Karateschlägen zu zerhacken. Wasser und Fäzes spritzen aus der Wanne. Die Mutter hebt sie heraus, wobei sie schallend lacht, aber auch zunehmenden Ekel und Ärger zeigt, weil sie von Dr. K. mit dem ganzen Inhalt der Wanne vollgespritzt wird. Dr. K. schluchzt, es sei unerträglich. In dem Augenblick aber, in dem sie sich daran erinnert, weiß sie, daß der Analytiker nicht lacht.

Diese Erinnerung dient als Aufhänger für ein gutes Maß an analytischer Arbeit: die Sehnsucht nach dem Vater, Gefühle bezüglich ihrer Körperprodukte und der Haltung der Mutter dazu und natürlich das Lachen. Gleichzeitig mit der Erinnerung an das durchdringende Lachen der Mutter gewinnt Dr. K. die Gewißheit, daß der Analytiker sie nicht auslacht und auch nicht ausgelacht hat. Sie ist sowohl dankbar als auch erstaunt über diese Entwicklung, da ihr die Erfahrung des feindseligen und spöttischen Analytikers sehr zu schaffen gemacht hatte.

Darauf folgte eine längere und faszinierende Erforschung von Weinen, Schreien, Flüstern und Lachen. Etwas Vertrautes schien in dieser Reihenfolge von durchdringendem Lachen, Ausgelachtwerden und Nicht-Lachen zu liegen. Vielleicht paßte auch das Schreien da hinein. Eine Art Intensitätsgefälle bildete sich heraus. Ein sehr lauter, kreischender Lärm wich einem lauten Lärm, dann einfach einem Geräusch. Ein Teil dieses Gefälles war in der Übertragung wieder aufgetaucht. Dieses Intensitätsgefälle der Übertragung hatte eine psychodynamische Komponente; tatsächlich verkörperte es viele Aspekte der Dynamik von Dr. K., doch gleichzeitig enthielt es etwas, das über den Konflikt und seine Repräsentationen hinausging. Zu Dr. K.s früher Erfahrung gehörte eine Störung in einer thermostatischen Funktion. Sie hörte Geräusche, Laute und sogar Flüstern in verstärktem Maße. Die wahrgenommene erhöhte Lautstärke wurde erst später als Zorn, Spott oder Angriff gedeutet.

Dr. K. trug eifrig weitere Informationen zusammen. Sie sprach mit ihren Eltern, ihrem älteren Bruder und ihrer Schwester. Sie erfuhr, die Koliken seien nur ein Teil ihrer Geschichte gewesen. Von ihrer Familie war Dr. K. als „Rühr-mich-nicht-an“ bezeichnet worden. Wenn sie als Kind auf dem Arm gehalten wurde, schien sie sich aufzulösen, und wenn jemand zu ihr sprach, brach sie in Tränen aus. Ihre Eltern gewöhnten sich an zu flüstern, um sie nicht zu verwirren. Dr. K. erinnerte sich, daß sie sich als sehr kleines Mädchen „Sch“ genannt hatte oder so genannt worden war. „Sch“, sagte sie, und dann erschien ihr das wie „Scheiße“. Sie erinnerte sich an den Vorfall in der Badewanne und dachte über den Zusammenhang zwischen den Wörtern nach. „Ich brauchte es, daß Sie auch flüstern“, stellte sie fest. „Und das haben Sie getan.“

„Dringend notwendig sind Verlaufsstudien darüber, wie Pflegepersonen ihr Verhalten den speziellen Bedürfnissen und der Natur eines bestimmten Kindes anpassen“, hat Sroufe (1979) festgestellt. In dem obigen, ziemlich ausführlichen Analyseausschnitt erfuhren wir etwas über ein Kind mit einer recht ausgefallenen Reihe von Empfindlichkeiten und über die Art von elterlicher Reaktion, die diese hervorriefen. Daß eine Anpassung erfolgte, erweist sich als hilfreich, war aber kein vollkommener Schutz. Daß Dr. K.s Eltern ihre Empfindlichkeit und ihre auditorische Übersensibilität erkannten, machte ihre frühen Transaktionen sicher leichter. Ihre interaktiven Verwundbarkeiten, Vorstellungsneigungen und Übertragungsmanifestationen dagegen zeigen die kritische Rolle, die ihr spezielles Temperament und ihre Veranlagung bei ihrer Entwicklung spielten. Ihre Konflikte, die intrapsychischen und die zwischenmenschlichen, kamen auch in der Behandlung wieder zum Vorschein. Sie konnten aber erst analysiert und verstanden werden, nachdem die mit dem „Intensitätsgefälle" verbundene Komponente der Übertragung an die Oberfläche getreten und besprochen worden war. Die böse Mutter war nicht nur die ödipale Rivalin und der ambivalent gesehene Elternteil der Wiederannäherung, sondern auch die traumatisierende Haltende und Sprechende (Lachende und Schreiende) aus Dr. K.s frühester Kindheit. Es sieht so aus, als ob spätere psychodynamische Faktoren diese früheste sensomotorische, taktile und interaktive Erfahrung entweder verstärkten oder dämpften. Sie wird in das eingebaut, was Stern (1985) als Kernselbst bezeichnet, ehe Subjektivität und intersubjektive Funktion überhaupt aufkommen. Sie kann an der Stelle dessen liegen, was Emde (1983) den prä-repräsentativen affektiven Kern (prerepresentational affective core) nennt. Es geht nicht einfach um den Grad des elterlichen Eingestimmtseins, obwohl dies sicherlich ein wichtiger Faktor ist. Vielmehr sieht es so aus, als seien das Wechselspiel zwischen diesen frühen Tendenzen schaffenden Gegebenheiten, die Reaktionen der fürsorglichen Matrix, die Stärke der Triebausstattung, die sich entwickelnden Fähigkeiten des Ich-Apparats und die darauffolgende Erfahrung sämtlich daran beteiligt, die Valenz und die spezielle Dauerhaftigkeit und formende Kraft dieser Anfangskonstellation zu bestimmen. Meyerburg und Post (1979) haben eine erhellende Theorie für die affektive Erinnerung vorgelegt, die eine hypothetische Abfolge für die Speicherungs- und Abrufungseigenschaften solcher Konstellationen annimmt. Es handelt sich dabei eher um ein neurophysiologisches als um ein grundlegend psychologisches Modell. Was man auch vorziehen mag, man stößt immer auf diese überzeugende Wechselwirkung zwischen biologischen Gegebenheiten und Umweltreaktionen, die dann durch das Individuum und in ihm auf eine Art repräsentiert werden, die in gewisser Weise von der Formel abweicht, welche der Beobachter möglicherweise konstruiert hat. Das ist das Problem der Transformation, über das ich schon früher geschrieben habe. In der Psychoanalyse geht man daran, diese verschiedenen verstärkenden und dämpfenden Faktoren zu identifizieren, wenn man die Entwicklungslinie der persönlichen Bedeutung für jedes Individuum rekonstruiert.

Das Wechselspiel von Veranlagungen, transaktionalen Abänderungen und darauffolgender charakterologischer Entwicklung wird noch direkter sichtbar, wenn man es durch das Prisma der kinderanalytischen Arbeit betrachtet. Um dies anschaulich und, wie ich hoffe, auch die These dieser Arbeit, deutlicher zu machen, werde ich nun kurz Material aus den Analysen zweier vierjähriger Jungen vortragen. Betrachten wir zunächst zwei Stunden aus der Analyse von Andrew. In der ersten Stunde erscheint Andrew in einem Superman-Kostüm, einer genauen Nachbildung dessen, das der Comic-, Fernseh- und jetzt auch Kinoheld trägt. Wir spielen ein kompliziertes Szenario durch, das mit der Angst vor dem Verlust von Körperteilen als Strafe für eindeutig ödipale Wünsche zusammenzuhängen scheint. Die beteiligten Figuren sind Jimmy Olson, der Boss und Lois Lane. Sie gehören zum Stammpersonal der Superman-Geschichten, und Andrew und ich kennen sie sehr gut. Unser Spiel hat jedoch noch einen anderen Aspekt. Superman mit all seinen ungewöhnlichen Kräften ist dennoch nicht in Sicherheit. Andrew konstruiert in seiner Phantasie einen magischen Schutzschirm, der ihn und mich trennt. Er zeigt mir, wie er funktioniert. Er dient dazu, meine Berührung, meine Stimme und meine physische Gestalt von ihm fernzuhalten. Nein, nicht eigentlich fernzuhalten, sondern vielmehr den Einfluß all dieser Variablen zu verringern. „Warum?“ fragt der Analytiker. „Damit sie für Superman nicht zu laut oder zu stark sind“, antwortet der Junge.

Das Superman-Kostüm wird nach und nach abgelegt, und das Spiel als solches wird freier. Gewisse Themen bleiben jedoch bestehen. Wir befassen uns mit den Taten des Detektivs Dick Tracy und seines Gefährten Little Dick. Dieses dynamische Duo weist eine Reihe von einander überschneidenden, aber konkurrierenden Merkmalen auf (von der Art, die die Beziehung zwischen Vater und Sohn, Analytiker und Analysand charakterisiert). Little Dick, manchmal auch einfach nur Dick genannt, kann Dick Tracys Stärke, Wissen und Geschicklichkeit nicht ertragen. Manchmal aber möchte er eine Aufgabe gern allein erledigen oder hat sogar das Gefühl, das besser zu können. Dieser Ehrgeiz ist jedoch nicht konfliktfrei. Dick fürchtet, er werde seine Detektivlizenz verlieren, wenn er „zu groß für seine Hosen“ werde. Er sagt: „Ich sollte besser warten, bis ich an der Reihe bin, denn sonst ...“ Der Analytiker fragt, was es mit dem „denn sonst ...“ auf sich habe. Andrews Antwort erweist sich als höchst aufschlußreich. Die große Angst bezieht sich darauf, daß Dick Tracy Little Dick anschreien wird. Little Dick wird den Lärm nicht aushalten können. Andrew wird sehr ängstlich. Diese zweite Stunde, ein Jahr später als die zuerst beschriebene, hat wieder das Auftauchen des magischen Schutzschirmes zum Thema. Er steht sowohl zwischen den beiden Dicks als auch zwischen Andrew und mir. Möglicherweise sind wir hier wieder auf dem gleichen Gebiet, das auch Dr. K. und der Analytiker erkundet hatten. Andrew geht nicht nur mit einer dynamischen Konstellation um, die analytisch recht vertraut ist, sondern auch mit einer früheren Erfahrung des Überwältigtwerdens von Hör- und Berührungsreizen. In seiner Analyse müssen beide behandelt werden, und sie sind nicht synonym. Ein und dieselbe Deutung wird nicht auf beide heilend oder verändernd wirken.

Andrew war tatsächlich ein SGA-Baby (small for gestational age, Mangelgeburt), dessen außerordentliche Empfindlichkeit gegen jede Art von Reizen gut dokumentiert war. Seine Eltern hatten sich alle Mühe gegeben, seine Grenzen zu respektieren. Dennoch wurde er als Säugling häufig überwältigt, während die Eltern so elementare, aber jeder Intuition zuwiderlaufende Tatsachen lernen mußten wie die, daß es unmöglich war, ihn gleichzeitig zu füttern und zu halten. Das überforderte einfach die Kapazität seines Nervensystems, und er geriet vollkommen außer sich. Mit erheblicher professioneller Hilfe schufen die Eltern so etwas wie eine Pufferzone. Dadurch sollte die Intensität aller möglichen Stimulierungen herabgesetzt werden. In den ersten sieben oder acht Lebensmonaten ihres Kindes flüsterten sie und nahmen ihn nur dann in den Arm, wenn keine anderen Verrichtungen an ihm vorgenommen wurden. Allmählich erwies sich diese „Pufferzone“ als immer weniger notwendig, und Andrew schien fähig, mehr und mehr Reize zu ertragen. Die

Eltern waren sich nicht darüber klar, daß ihre „Pufferzone“ zu Andrews magischem Schutzschild wurde. Die Überweisung in die Analyse erfolgte, als Andrew in den Kindergarten kam. Er begann, nur noch flüsternd zu sprechen, und verstummte dann völlig. Kurz darauf schlüpfte er in sein Superman-Kostüm und wollte es nicht mehr ablegen. Sowohl die Eltern als auch das Kindergartenpersonal waren überfordert.

Der vierjährige Larry ist ebenfalls in Analyse. Es heißt, er habe große Schwierigkeiten in der Vorschule. Abwechselnd hat er dort Streit mit seinem Lehrer, einem sehr netten jungen Mann, oder er ergreift entsetzt die Flucht, wobei er sich am Ende häufig im Waschraum versteckt. Larrys Eltern berichten, er sei schüchtern, aber lieb. Tatsächlich hat er Zornausbrüche, läßt sich aber leicht kontrollieren, wenn die Eltern mit Festigkeit auf ihn eingehen. Ihre Reaktion sei dem immer angemessen, fügen sie hinzu. Die Mutter macht sich noch in anderer Hinsicht Sorgen um ihren Sohn; hauptsächlich scheint es dabei um seinen Mangel an Selbstbehauptung zu gehen. Sie findet ihn nicht sehr „männlich“, eine Klage, die sie auch über ihren Mann äußert. Die Eltern wußten nicht recht, ob eine Intervention nötig sei, doch die Vorschule bestand darauf.

Das Muster, das sich in der Schule herausgebildet hat, tritt auch in der analytischen Situation sofort zutage. Larry beginnt zu spielen, scheinbar vollkommen in das Material vertieft. Plötzlich schlägt er nach dem Analytiker. „Ich hasse dich“, schreit er. „Du bist nicht mein Freund.“ Er läuft aus dem Teil des Sprechzimmers fort, in dem das Spiel stattfindet, und versteckt sich hinter dem Scheibtisch des Analytikers. „Hierher kannst du nicht kommen“, wimmert er. „Hier bin ich in meinem privaten Teil.“ (A.d.Ü.: „my privates“ bedeutet auch die Geschlechtsteile.) Der Analytiker hält den Blickkontakt mit Larry in seinem „privaten Teil“ aufrecht, bleibt aber fern. Er versteht nicht, was den Ausbruch und die darauffolgende Flucht ausgelöst hat, erkennt aber, daß hier Parallelen zu dem von der Schule berichteten typischen Verhalten vorliegen könnten. In seinem „privaten Teil“ gewinnt Larry sichtlich seine Fassung zurück. Er beginnt dann, vor sich hin zu singen, und wählt schließlich ein Spielzeug aus. Drei oder vier Minuten lang spielt er damit. Dann kommt er hinter dem Schreibitsch hervor. Er ist bereit, wieder zu mir zu kommen. Dieses Muster sollte sich viele Male wiederholen. Oft, aber nicht immer begann es mit einem aggressiven Ausbruch gegen den Analytiker, auf den dann stets der entsetzte Rückzug in den „privaten Teil" folgte. Mit der Zeit ließen die Ausbrüche nach oder wurden vielmehr in das syntaktische Spiel aufgenommen. Das Drama von Fritz, einem närrischen Jungen, und Herrn Gänserich, einem ziemlich komplizierten Vogel, stand nun im Mittelpunkt. Das zentrale affektive Motiv in diesem Szenario war eine Art wiederholter Schreckreaktion, die mit Fritzens Närrischkeit zusammenzuhängen schien. Er konnte nie den nächsten Schritt des Herrn Gänserich vorhersehen und war daher immer überrascht. Das zentrale kognitive Dilemma schien darin zu liegen, daß Fritz von Herrn Gänserichs beträchtlicher Weisheit, Erfahrung und sogar Gutwilligkeit nicht profitieren konnte, weil er durch diesen ständigen Überraschungszustand verwirrt war.

Sichtlich wurden sowohl die Übertragung als auch das syntaktische Spiel dazu benutzt, Larrys Hauptsorge nachzuspielen und darzustellen: wie er wichtige Informationen in sich aufnehmen konnte, ohne sich in den „privaten Teil" zurückziehen zu müssen. Noch immer brauchte er von Zeit zu Zeit die Zuflucht hinter meinem Schreibtisch. Im Laufe der Stunden wurden zwei parallele Prozesse sichtbar. Fritz und Herr Gänserich arbeiteten stellvertretend an Mitteln und Wegen der Interaktion, und wir erfuhren, daß Fritz wütend auf den großen Vogel war und ihn manchmal schlagen wollte. Wir gewannen auch ein gewisses Verständnis für Larrys Wunsch, von Herrn Gänserich verhauen zu werden, und gelangten so auf den langen und komplizierten Weg, der mit analer Regression von phallischer Selbstbehauptung verbunden war und sich um das zentrale Dilemma drehte, wie er seinen Vater als Modulator und Organisator aggressiver Triebe und Phantasien benutzen sollte (Herzog 1977). In der Übertragung und in der direkten Interaktion mit dem Analytiker kann Larry gleichzeitig darüber sprechen, welchen Wert der „private Teil" für ihn hat. Er sagt, es sei schön, einen Platz ganz für sich allein zu haben. Er ist froh, daß ich nicht darauf bestehe, ihm dorthin zu folgen, daß der Analytiker ihm etwas Raum läßt, aber dennoch den Kontakt aufrechterhält. Wir erfahren etwas über die Allgegenwart seiner Mutter und das Gefühl, es gebe keine Möglichkeit, allein und von ihr getrennt zu sein, wenn sie anwesend ist.

Larry wird nach und nach fähig, das Gefühl zu identifizieren, das einem Ausflug in den „privaten Teil" vorangeht. Zuerst bezeichnet er es als „kalt sein", dann meint er, vielleicht fühle es sich warm an. Eindeutig scheint es etwas mit Temperatur zu tun zu haben. Es ist ein unangenehmes Gefühl. Wir erfahren immer mehr über dieses Gefühl, obwohl es in unserer Interaktion immer seltener vorkommt. Zuletzt wird es als „schüchternes Gefühl" bezeichnet. Es scheint dann aufzutreten, wenn unerwartet starke Gefühle hervorgerufen werden. Starke liebevolle Gefühle, starke Verletzungsgefühle und auch unerwartete äußere Geschehnisse können dieses schüchterne Gefühl auslösen und tun es auch. Wir bemerken etwas sehr Wichtiges. Wir haben etwas über die Umstände erfahren, die das schüchterne Gefühl hervorbringen, und können darüber sprechen, was wir auch tun. Das Gefühl taucht jedoch noch immer auf, nachdem Larry sich längst nicht mehr in den „privaten Teil" zurückzieht. Noch eine zweite Beobachtung ist von beträchtlicher Bedeutung. Fritz und Herr Gänserich machen große Fortschritte in ihrem Umgang miteinander, und sogar Frau Gans wird eingeführt; nun treten Fritzens Interesse an ihr und die darauffolgenden Interaktionen mit ihrem Mann in den Mittelpunkt. Das Ansprechen der charakterologischen Frage hinter der Schüchternheit, der Schreckreaktion, scheint den Neubeginn und die Fortsetzung der psychodynamischen Entwicklung zu ermöglichen. Fritz ist in der Lage, intrapsychische Fortschritte zu machen. Larry dagegen ist noch immer schüchtern, d.h., er fühlt sich schüchtern. Sein Verhalten zu Hause, in der Schule und vor allem in der Analyse hat sich verändert; das Gefühl jedoch, das schüchterne Gefühl, bleibt bestehen und ist eine ständige Quelle der Besorgnis.

Was ist nun dieses schüchterne Gefühl? Offensichtlich wird es aus allen Strömungen in Larrys Denken und Erleben gespeist, aber vielleicht läßt sich wie in den Fällen von Dr. K. und Andrew eine zugrundeliegende Neigung oder Veranlagung ausmachen. Kagan, Garcia-Coll und Reznick (1984) haben über eine recht große Zahl von Kindern berichtet, die sie von Geburt an bis in das dritte Lebensjahr beobachtet hatten und die neue Reize mit aversiven Reaktionen und recht ausgeprägten Tachykardien beantworteten. Diese Kinder weisen eine Vielfalt von Entwicklungsmustern auf, doch allen gemeinsam ist diese wiederkehrende Überflutung des sympathischen Nervensystems bei der Begegnung mit neuen, unvertrauten oder sehr intensiven Stimuli. Das häufigste Verhaltenskorrelat dieser physiologischen Reaktion ist die Hemmung. Die Kinder wirken weniger neugierig, meiden das Ungewohnte, ziehen Dinge vor, die bekannt sind und sich wiederholen, bleiben in der Nähe der Pflegeperson und manifestieren und tolerieren ein affektives Repertoire von schmalerer Bandbreite.

Larry scheint, wie seine Geschichte und auch die Analyse zeigen, eines dieser gehemmten Kinder gewesen zu sein. Seine Eltern, die ziemlich stimulierend, ja sogar aufdringlich waren, hatten den starken Wunsch, ihn mit neuen und aufregenden Reizen bekannt zu machen, und sie taten dies auch. Da sie nicht wie Andrews Eltern eine „Pufferzone" boten, mußte Larry von einem sehr frühen Alter an seine eigenen Abwehrmechanismen entwickeln. Diese seine Fähigkeit ist eindeutig eine Ich-Stärke, die auch als Teil seiner Grundausstattung angesehen werden muß. In seiner frühen Säuglingszeit wurde beobachtet, daß er die Augen abwandte, wenn ihm etwas Neues vorgestellt wurde. Sobald er laufen konnte, ging er weg, wenn eine fremde Person oder ein fremder Reiz in sein Blickfeld traten. Da Larry Eltern hatte, die diese Veranlagungsvariablen, also Hemmung und sympathetische Überflutung, weder erkannten noch sich danach richteten, und er selbst nicht fähig war, sich mit seinen entstehenden Abwehrmechanismen vollständig zu schützen, verwandelte sich seine Frustration bald in die Kombination aus feindseligen Angriffen und entsetzten Rückzügen, die sein klinisches Bild charakterisierte.

Es ist aufschlußreich, wenn man die Kombinationen aus Veranlagung und Transaktion vergleicht, die in den Fällen von Andrew und Larry zum Vorschein kamen und rekonstruiert werden können. Bei beiden konnten wir die starke und hervorstechende Wirkung der konstitutionellen Gegebenheiten sehen. Die Veranlagungen beider Jungen waren deutlich verschieden, und die sich daraus ergebenden Verletzlichkeiten, Anfälligkeiten, Stärken und Tendenzen waren ähnlich unterschiedlich. Jeder Junge wurde in eine fürsorgliche Matrix, eine Umwelt mit eigenen Merkmalen, eigenem Gleichgewicht und eigenen persönlichen Bedeutungen hineingeboren. Bei beiden Jungen und auch bei Dr. K. führt die idiographische Verknüpfung von Veranlagung und Transaktion zur Entwicklung des Grundcharakters und formt auf viele Arten gewisse Umrisse der sich entwickelnden Neurose. Die Analyse ermöglicht das Herausarbeiten sowohl der charakterologischen als auch der neurotischen Komponente und die nachfolgende Rekonstruktion der Entwicklungslinie der persönlichen Bedeutung.

Auf nomothetischer Ebene können wir erkennen, daß die Variablen des Naturells bezüglich Aktivität, Reaktivität, Emotionalität und Soziabilität (McCall 1987), wenn sie sehr ausgeprägt sind – wie bei einem Kind mit SGA-Status (Mangelgeburt) oder sympathetischer Überflutung und ausgeprägter Hemmung –, die Eltern vor eine schwere Aufgabe stellen. Insbesondere die Fähigkeit der Mutter zu homöostatischer Einstimmung und die Vorliebe des Vaters für unterbrechende oder unangepaßte Interaktion (Herzog 1980, 1983) bedürfen möglicherweise der Modifikation. Das ist nicht immer leicht und auch nicht immer ausreichend. Sehr häufig steht es in direktem Gegensatz zu dem Verhalten, das sich auf natürliche Weise einstellt (vgl. die Arbeiten der Papoušeks (1977, 1983) über „inherent parenting“, die natürliche, angeborene Elternschaft). Die meisten Eltern versuchen wirklich, ihre Babies richtig zu verstehen, und vielen gelingt das auf bewundernswerte Weise. Wenn sie aber ihr zuvor entwickeltes Fürsorgerepertoire abändern müssen, so kann das Auswirkungen auf ihre libidinöse, aggressive und narzißtische Ansprechbarkeit haben (Herzog 1980, 1981). Berücksichtigt man die unendliche Vielfalt unbewußter Phantasien und die Komplexität potentieller Konflikte in und zwischen Müttern und Vätern, dann tritt die grundlegende Unvereinbarkeit zwischen anlagebedingten Bedürfnissen des Kindes und der üblichen Art des Vaters, mit seinem Kind zu interagieren, noch deutlicher hervor als bei den entsprechenden Mutter-Kind-Dialogen. In allen drei von mir dargestellten Analysen erwies sich die Frage nach den Repräsentanzen des Selbst-mit-Vater und der Fähigkeit zu väterlicher Anpassung schließlich als zentrales Thema.

Natürlich habe ich drei Fälle ausgewählt, in denen der Beitrag des Naturells recht ungewöhnlich und die transaktionale Komponente zwar kritisch, aber doch durch die Macht der konstitutionellen Gegebenheiten geformt war. Selbstverständlich ist die Gleichung oft anders gewichtet. Dann ist die transaktionale Komponente primär, die Biologie des Kindes sekundär. Der Grundcharakter jedoch ist immer eine Kombination aus beiden Bestandteilen. Als solchen trifft man ihn in jeder Analyse und vielleicht noch überzeugender in jedem Leben. Wie diese Bestandteile in den ersten Lebensjahren miteinander verknüpft werden, bestimmt die Dosierung dessen, was Winnicott (1968, 1974) als „primitive Agonien und undenkbare Ängste" bezeichnet hat. Die Stärke dieser Dosierung entscheidet eindeutig darüber, ob der Grundcharakter ein „traumatischer Charakter" (Herzog 1987) oder ein „durchschnittlich zu erwartender Charakter" sein wird, und das macht in gewisser Weise einen wesentlichen Bestandteil des menschlichen Schicksals aus, wenn es zur Individuation voranschreitet und sich aufeinanderfolgende Identifizierungen einverleibt.

> Eine Mythologie spiegelt ihre Umwelt wider. Hier
> in Connecticut lebten wir nie in einer Zeit,
> in der Mythologie möglich war – Doch hätten wir das getan,
> so stellt sich die Frage nach der Wahrheit der Bilder.
> Das Bild muß von der Natur seines Schöpfers sein.
> Es ist die gesteigerte Natur seines Schöpfers.
> Erhöht. Es ist er, auf neue Art, in frischerer Jugend,
> und es ist er in der Substanz seiner Umwelt.
> Holz aus seinen Wäldern und Stein aus seinen Feldern
> oder vom Grund seiner Berge.

Wallace Stevens (1967)

Literatur

Emde, R. (1983): The prerepresentational self and its affective core. – In: The Psychoanalytic Study of the Child 38, 165–192.

Herzog, J. (1977): Patterns of Parenting. – Vortrag vor: The American Academy of Child Psychiatry, Houston, Texas, im Oktober.

Herzog, J. (1980): Sleep disturbance and father hunger in 18–28 month old boys: The Erlkönig Syndrome. – In: The Psychoanalytic Study of the Child 35, 219–236.

Herzog, J. (1981): Libidinal and aggressive availability. – Vortrag beim Kongreß der IPA in Helsinki, Finnland.

Herzog, J. (1983): A neonatal intensive care syndrome: A pain complex involving neuroplasticity and psychic trauma. – In: Call, J., Galenson, E., Tyson, R. (Hrsg).: Frontiers of Infant Psychiatry, Vol. I. – New York: Basic Books 1983, 291–300.

Herzog, J. (1987): Character development and character neurosis in childhood, im Erscheinen begriffen.

Kagan, J., Garcia-Coll, C., Reznick, J. (1984): Behavioral inhibition to the unfamiliar. – In: Child Development 55, 1005–1019.

McCall, R. B. (1987): Roundtable: What is temperament? Four approaches. – In: Child Development 58, 505–530.

Meyerburg, W. S. und *Post, R. M.* (1979): A holistic developmental view of neural and psychological processes: A neurobiologic psychoanalytic integration. – In: British Journal of Psychiatry 135, 139–155.

Papoušek, H. und *Papoušek, M.* (1977): Early ontogeny of human social interaction: Its biological roots and social dimensions. – In: v. Cranach, M., Foppa, K., Lepenies, W., Ploog, P. (Hrsg.): Human Ethology: Claims and Limits of a New Discipline – Cambridge: Cambridge University Press, 456–489.

Papoušek, H. und *Papoušek, M.* (1983): Interactional failures: The origins and significance in infant psychiatry. – In: Call, J., Galenson, E., Tyson, R. (Hrsg.): Frontiers of Infant Psychiatry, Vol. I. – New York: Basic Books, 31–37.

Sroufe, L. A. (1979): The coherence of individual development. – In: American Psychologist 34, 834–840.

Stern, D. (1985): The interpersonal world of the infant. – New York: Basic Books.

Stevens, W. (1967): The palm at the end of the mind. – New York: Vintage Books.

Winnicott, D. W. (1968): Communication between infant and mother, mother and infant, compared and contrasted. – In: What is Psychoanalysis? The Institute of Psycho-Analysis. – London: Balliere, Tindall and Cassell.

Winnicott, D. W. (1974): Fear of breakdown. – In: International Review of Psycho-Analysis 1, 103–107.

Die erste Verneinung und der überwertige Teil im Prozeß der Individuation

Jochen Stork (München)

Schon im Titel dieser Arbeit drückt sich mein Wunsch aus, einige Elemente aus dem Prozeß der Individuation zu isolieren, denen eine organisierende Funktion zukommt. Bei der Beschäftigung mit dieser Thematik, die mich schon seit einigen Jahren nicht losläßt, bin ich einerseits auf die Verneinung als einem ursprünglichen Vorgang gestoßen, dem ein nicht unbedeutender Platz in den ersten Bewegungen der Individuation zukommt, und andererseits auf die Rolle von Teilen der Persönlichkeit aufmerksam geworden, die erste und entscheidende Kristallisationspunkte in einer individuellen Entwicklung einnehmen.

Verneinung und Individuation

Im ersten Teil meiner Arbeit möchte ich darlegen, wie der Prozeß der Individuation ursprünglich an die Verneinung gebunden ist, und mit ihr eine Bewegung Bedeutung erhält, die eine erste Dissonanz in die allerfrüheste Beziehung von Mutter, Vater und Säugling einführt. Wenn Verneinung und Dissonanz jedoch in der Beziehung zwischen Mutter, Vater und Säugling keinen Existenzcharakter erhalten, scheint sich zu ereignen, daß der Säugling in Verklebungen und Verstrickungen mit der Mutter oder dem Vater und mit deren unbewußten Phantasien hineingezogen wird, die später nur schwer wieder aufgelöst werden können und die das Leben des Kindes oft auf fatale Art und Weise prägen. Man kann in einem solchen Falle von Einmischung oder Übergriffen in das Leben des Säuglings sprechen, wie dies Winnicott (1960 b) in anderem Zusammenhang tut. Man kann jedoch noch weiter gehen und in diesen Vorgängen eine Form der Vereinnahmung sehen, zu der immer ein Entgegenkommen, eine quasi Komplizenschaft des Kindes gehört.

Frühe Übergriffe von seiten der Mutter

Wenn die Mutter sich auf diese Weise in die ersten Individuationsbestrebungen des Säuglings einmischt und der Säugling mit Abwehrmaßnahmen – zu denen auch psychosomatische Erscheinungen gehören – antwortet, kommt ein Interaktionsmodell auf innerpsychischer Ebene in Gang, das ein Grundmodell einer psychopathologischen Entwicklung entwirft. Es kann als eine einseitige Fixierung in der primären und narzißtischen Identifizierung bezeichnet werden; primär, weil sie sich als erstes ereignet und narzißtisch, weil sie sich in einer narzißtischen Bestimmung und Verstrickung erschöpft.

Stoller (1975) hat uns wohl das eindrucksvollste Beispiel einer solchen Entwicklung gegeben. Er hat bei der Arbeit mit Transsexuellen und deren Müttern aufzeigen können, inwiefern eine ursprünglich gute Mutter-Kind-Symbiose die Entfaltung der Männlichkeit beeinträchtigt und sogar das angeborene Männlichkeits-Potential vollständig verschüttet (176). Er schreibt eindrucksvoll (182): „Transsexualität tritt bei einem Kind nur dann auf, wenn die Mutter einen Jungen zur Welt bringt, den sie schön und anmutig findet. Dieser Säugling ist das Beste, was ihr in ihrem Leben je widerfuhr. Endlich, nach Jahren stiller Hoffnungslosigkeit, unfähig, in ihrem Geschlecht oder ihrer weiblichen Identität einen Wert zu sehen, erfüllt von Haß und Neid auf Männer, die besitzen, was sie haben wollte und nicht bekommen konnte, hat sie ein Stück aus sich selbst, aus ihrem eigenen Körper, gleichsam parthenogenetisch, ohne Mann, erschaffen: ihr Bestes, ihr eigenes Ideal – den vollkommenen Phallus. Dieser Junge soll nicht die so beneidete wie gehaßte Männlichkeit haben, dafür sorgt nach ihrer Meinung schon seine angeborene Schönheit, die durch üppiges Stillen gesteigert wird; denn er trinkt ausgiebig und genießt den Körper seiner Mutter. Von Geburt an besteht eine selige Symbiose, die diese Mutter wildentschlossen fördert, denn nun besitzt sie das Heilmittel für ihre lebenslange hoffnungslose Traurigkeit. Aus ihrer Freude schöpft sie die Kraft, die ihr erlaubt – sie zwingt –, jahrelang, viel zu viele Stunden des Tages in übermäßig engem körperlichem und seelischem Kontakt mit diesem Kind zu verbringen. Indem sie diese Symbiose schafft, bindet sie ihren Sohn an sich, verleibt ihn sich gewissermaßen ein, soweit das physisch möglich ist. Durch Identifizierung mit ihm versucht sie ihre eigene traumatische Kindheit ungeschehen zu machen und ihre böse Mutter zu ersetzen. An ihr, der jetzigen Mutter, und dem Kind soll es nichts auszusetzen geben. So wird die Seligkeit der Symbiose für sie zur Aura einer neuen, idealisierten, vollkommenen Mutter."

In solchen Fällen beginnen die Jungen, seit den Tagen der Kindheit, wenn geschlechtsspezifisches Verhalten erstmalig merkbar hervortritt, den Anschein zu erwecken, als seien sie ein Mädchen. Ihr Verhalten ist fortan bis zum Erwachsenenalter von dem Gefühl ihrer Weiblichkeit durchdrungen, was in der Überzeugung gipfelt, sie seien eigentlich zur Frau bestimmt. Der Wunsch, einen weiblichen Körper zu haben, ist imperativ und keine Drohung kann den Transsexuellen dazu bewegen, auch nur für Augenblicke einen Mann zu imitieren.

Das Kind ist in einer solchen Entwicklung jedoch nicht nur Opfer, sondern trägt auch seinen Teil dazu bei, spielt sozusagen dieses Spiel mit. Es verfällt dabei der so oft beschriebenen (Stork 1986b und c) Anziehungskraft einer idealisierten und archaischen Mutter-Imago. Der primäre Wunsch richtet sich dabei auf das urtümliche, phantasierte Bild von Vollkommenheit und Glückseligkeit, von unendlichem Wohlbefinden und höchster Harmonie, von Selbstüberschätzung und Allmachtsträumen. Die Erfüllung dieses ursprünglichen Wunsches wird in einer Zwei-Einheit mit der Mutter-Imago gesucht, ein Verhältnis, das für beide Geschlechter die Züge einer inzestuösen Verschmelzung, einer Verwirklichung des Inzestwunsches annimmt.

Was ich damit beschreibe ist nichts anderes, als die Bestrebungen des primären Narzißmus des Kindes, der sich aufs innigste mit demjenigen der Mutter vereint. Wenn ich einmal von Stollers Theorie der biopsychischen Mechanismen absehe (in der er die Meinung vertritt, daß in allerfrühester Zeit Reize aus der Außenwelt Engramme und ein nicht seelisches Gedächtnis hervorrufen, das sich dadurch auszeichnet, daß es keine psychischen Repräsentanzen aufweist – eine diskutable Theorie), so kommt in diesem Zusammenhang auch Stoller auf die Kräfte des Narzißmus zu sprechen, die er den Drang zu einem Zustand des Einsseins mit der Mutter nennt. Er geht noch einen Schritt weiter, wenn er das Gefühl des Einsseins mit der Mutter als etwas kennzeichnet, das nicht einmal das Urgefühl von Männlichkeit in den ersten Monaten beinhaltet. Daraus leitet er eine rudimentäre Weiblichkeit ab und stellt die Frage, ob die ursprüngliche Phase der männlichen Entwicklung nicht weiblich ist.

Eine frühe Einmischung als Verneinung der primären Weiblichkeit

Bei einem anderen Fall einer frühen Identifizierung handelt es sich nicht um das Bestreben des Einsseins mit der Mutter. Ganz im Gegenteil geht es um eine überbetonte männliche Identifizierung, die sich offenkundig gegen die Mutter wendet. Die Mutter-Imago ist Quelle tödlicher Angst und die männliche Identifizierung stellt eine Schranke gegen diese Mutter-Imago dar. Die Angst beinhaltet einen Angriff auf die Männlichkeit, und ruft einen männlichen Protest hervor, der in die Richtung auf einen ersten Entwurf von Individuation weist; wobei ihm jedoch alle stabilisierenden Momente des Insich-Seins fehlen.

Das Thema ist ebenfalls durch eine gefährliche Bedrohung der Individuation in der frühen Entwicklung gegeben, die keine befriedigende Beziehung zur Mutter-Imago kennt und sich vor allem in einer Angst vor der Frau, einer Angst vor der absoluten Abhängigkeit und dem existentiellen Untergang ausdrückt und eindeutig geprägt zu sein scheint, durch die unbewußten Phantasien des Vaters, nicht aber durch die Erfahrung des Kindes.

Vor einigen Monaten brachte man einen 11 Monate alten Buben, Johannes, zu uns, der seit seiner Geburt an Schlafstörungen litt. Das Familienleben war durch diese Symptomatik sehr beeinträchtigt, da beide Eltern sich zutiefst in Frage gestellt fühlten. Mutter und Vater hatten bisher alles Erdenkliche getan, um Abhilfe zu schaffen, jedoch ohne Erfolg.

Ich entschließe mich, die Familie zu behandeln und mir fällt in den ersten Sitzungen sogleich ein eigenartiges Verhalten des Buben auf, das die Eltern nur beiläufig oder gar nicht bewußt wahrgenommen hatten. Es besteht einmal darin, daß dieser so sympathische kleine Knirps, den man große Lust verspürt, in die Arme zu nehmen, dauernd auf seinen zwei Beinen unterwegs ist und in dem Zimmer wie ein Alter alles mit Eifer zu erkennen trachtet. Zum anderen passieren ihm alle möglichen Mißgeschicke. Er weiß zwar mit den vielen Gegenständen dieses Zimmers überraschend schonend und zaghaft umzugehen, und ist sehr bedacht darauf, nichts kaputt zu machen. Selber stößt er sich jedoch dauernd heftig an Stuhl- oder Tischkanten, stolpert über Spielzeug und fällt zu Boden. Es ist offenkundig, daß er sich dabei häufig und heftig weh tut, was man nur für Sekundenbruchteile deutlich auf seinem Gesicht wahrnehmen kann. Das Erstaunliche ist vielmehr, daß Johannes sich davon in keiner Weise berührt zeigt, alle diese Schmerzen wegzustecken versteht, als dürfe ihm das nichts ausmachen, als müsse er hart sein, und als wäre er es auch.

Besonders bemerkenswert ist jedoch noch etwas anderes. Johannes kommt in den Augenblicken heftigen Schmerzes weder zu seiner Mutter noch zu seinem Vater, um sich Schutz und Trost zu suchen, wie man dies für gewöhnlich bei Kindern beobachtet. Hinzu kommt noch eine dritte Auffälligkeit, die darin besteht, daß Johannes – obwohl er zu allen Anwesenden, und auch zu mir, dauernd einen Bezug herstellt, der nie abreißt – so gut wie niemals (oder wenn, äußerst flüchtig und vorübergehend) zu seiner Mutter geht, um sich an sie zu lehnen, sich ihrer zu versichern oder gar mit ihr zu schmusen, wie man dies, zumal in einer neuen und unbekannten Situation, hätte erwarten können. Immer wieder passiert es hingegen, daß er sich seiner Mutter nähert und sie, besonders wenn sie ihn einlädt, sich an sie zu schmiegen, mit dem Kopf boxt und ihr weh tut.

Als ich dieses Verhalten in der zweiten Sitzung ansprechen kann, zeigen die Eltern sich sehr berührt und es tritt bald eine überraschende Änderung ein. Der Bub kann in den folgenden Sitzungen zunehmend und mit demonstrativem Gefallen sich seiner Mutter liebevoll nähern und auch sie für sich beanspruchen. Es ist ganz so, als ob mit meinem

Ansprechen eine Art Bann gebrochen sei, eine Form von Verleugnung aufgehoben sei. Weiterhin zeigt sich, daß der Bub zunehmend „vernünftiger“ wurde und nicht mehr diese halsbrecherischen Steig- und Kletterübungen, z. B. auf Bücherborde vollzog, die der Vater ein Kamikaze-Verhalten nennt. Auch die Schlafstörungen bessern sich und nehmen eine erträgliche Form an, ohne jedoch völlig zu verschwinden.

Zu dieser deutlichen Besserung trug aber noch etwas anderes ganz wesentlich bei, weswegen ich überhaupt über diese Behandlung berichte. Es sollte sich nämlich zeigen, um es vorweg zu nehmen, daß das sonderbare Verhalten von Johannes im engen Zusammenhang mit den unbewußten Phantasien und Ängsten des Vaters steht und es über eine Identifizierung des Buben mit dem Vater zustande gekommen zu sein scheint.

Der Vater spricht gerne und ausgiebig von seinem Sohn, den er wie ein Wunderkind und einen totalen Durchblicker betrachtet. Er sei wie aus dem Mutterleib herausspaziert und auf die Welt gekommen, als ob sie ihm schon vertraut sei, so als habe er sagen wollen: „Hallo! Hier bin ich, soll ich Englisch oder Französisch mit Euch reden?“ (Die Muttersprache beider Eltern ist Deutsch und beide sprechen diese Sprachen, wenn überhaupt, dann nur gebrochen). Er sei gar nicht erstaunt gewesen, daß es die Welt gibt und habe so getan, als ob er wisse, daß es so viel zu vollenden gebe, daß so viel zu tun sei in der Welt. Er, der Vater, habe es nicht zum Wissenschaftler gebracht, fährt er fort; Fachleute jedoch seien so wahnsinnig wichtig.

Wenn man hinzunimmt, daß für Herrn A. dieser Sohn aus verschiedenen Gründen ein völlig unerwarteter und prächtiger Stammhalter einer alten Familie darstellt, der Gegenstand seiner intensivsten und geheimsten Wünsche war – ein dringend benötigtes Wunschkind – und wenn man obendrein weiß, welche massive, abgewehrte und verleugnete Mutterbindung in seinem Leben eine große Rolle spielt, mag man erahnen, in wie vielfältiger Weise der Vater impliziert ist.

Dies zeigt sich vor allem in seiner tiefen Überzeugung, über die Ursachen der Schlafstörung seines Sohnes genau Bescheid zu wissen. Für sein Verständnis zeigt sein Sohn alle Zeichen von Angst, wenn ihn der Schlaf überkommt und es entspinnt sich ein regelrechter Kampf gegen den

Schlaf (besonders auch, wenn er Medikamente erhielt). Der Vater vergleicht das Sich-in-den-Schlaf-fallen-Lassen mit dem Sich-dem-Wasser-Anvertrauen. Das Wehren gegen den Schlaf hat alle Eigenschaften eines verzweifelten Versuches, im Wasser nicht unterzugehen.

So ist es nicht erstaunlich, daß Herr A. in diesem Zusammenhang als einen Grund der Schlafstörungen seines Sohnes den Umstand erwähnt, und dies mit voller Überzeugung, weil er – der Vater – in den heiligen Stand der Ehe getreten sei. In der Tat hatte Herr A. seine Frau erst geheiratet, als dieser Sohn zur Welt kam. Beide Eltern sind seit Jahren zusammen, ohne zusammen zu wohnen, und haben schon eine gemeinsame Tochter. Herr A. brachte seine Gefühle gegenüber seiner Frau auf die vielsagende wie verwirrende Formel: „Wo bin ich, ohne Schmerzen zu erzeugen?" Wie immer man diesen Satz verstehen mag, wird überdeutlich, welche Angst und welche Schuldgefühle der Frau gegenüber sich hierin ausdrücken.

Kommentar: Diese Fallgeschichte könnte einen an das Schicksal des jungen Herakles denken lassen. Von seiner Kraft als Säugling schon wird Großartiges berichtet. So verdanken wir ihm bekanntlich die Milchstraße, die er an den Himmel spuckte, als Hera ihm ihre Brust entzog, nachdem er sie gierig in diese gebissen hatte. Er war nicht ganz 11 Monate alt, als Hera einen Versuch machte, ihn umzubringen und zu diesem Zweck zwei blauhäutige Schlangen, aus deren Augen Flammen schossen und von deren Mäulern Gift tropfte, mit dem strengen Befehl in seine Schlafkammer eindringen ließ. Herakles hat sie, noch bevor jegliche Hilfe kam, mit eigenen Händen erwürgt.

Es war die erklärte Absicht seines Vaters, Zeus, mit ihm ein letztes Mal einen gewaltigen Helden zu zeugen, der obendrein ein Prinz aus dem Hause Perseus, des Gorgonentöters sein sollte. Zeus wollte einen letzten Sohn haben, der stark genug wäre, fortan die bedrohten Götter und Menschen vor Zerstörung zu schützen. Es fällt nicht schwer zu sehen, daß es um die Gefahren ging, die von der so verführerischen wie gefährlichen Mutter-Imago ausgehen, wie sie die Medusa darstellt.

Als Mutter des Heldensohnes wählte Zeus Alkmene, deren Name ‚stark im Zorn' heißt, was ursprünglich ein mykenischer Name der Hera war (Ranke-Graves, 1955, 83). Hiermit erhält die bekannte Eifersucht und Feindschaft zwischen Alkmene und Hera noch eine andere Bedeutung. Sie war eine Frau, die zu ihrer Zeit alle anderen an Schönheit, Gestalt und Weisheit übertraf. In der Gestalt von Amphitryon, des Mannes von Alkmene, wird dieser wichtige Sohn gezeugt. Zeus ließ der Nacht, in der er mit ihr zusammen lag, die Länge von drei Nächten geben.

Auch weiterhin kümmerte sich Zeus um diesen Sohn, indem er durch eine List Hera dazu brachte, ihn an ihre Brust zu legen, damit er ihre Milch trinke und unsterblich werde. So nannte er ihn auch Herakles, Sohn der Hera, Ruhm der Hera.

Das Schicksal des Herakles wird von seinen beispiellosen Heldentaten bestimmt sein, in denen er seinem Ahnherren, Perseus, alle Ehre macht und zum ewigen Bezwinger der archaischen Mutterimago und von all denen wird, die sich in ihrem Bannkreis befinden. Dennoch war es Hera, die höchste Göttin, die ihm nach dem Leben trachtete, sei es durch Schlangen, die ihn schon mit 11 Monaten im Schlaf töten sollten, sei es als er der berühmteste aller Heroen war und von Hera mit Wahnsinn bestraft wurde, in welchem er übrigens seine sechs Söhne tötete. Die Überwindung des Wahnsinns bestand bekanntlich wiederum in dem Bestehen von heldenhaften Taten, die ihn für immer berühmt gemacht haben, die er aber im Dienste eines anderen, des schwächlichen Eurystheus zu vollführen hatte, der sein erbittertster Feind war; eine Demütigung, die seinem Leben eine menschliche Dimension zurückgibt.

In den Augen seines Vaters ist unser kleiner Bub, Johannes, ebenfalls ein Held und als ein solcher benimmt er sich auch. Er ist unentwegt auf halsbrecherischen Steig- und Kletterpartien sowie Abenteuern verschiedenster Art unterwegs und kein Rückschlag, kein Schmerz kann ihn abhalten oder ihn wie ein kleines Kind reagieren lassen, sogleich ist er wieder auf den Beinen, ein Suchender. Nichts kann ihn eigentlich erschüttern. Es gelingt ihm, mit Nöten und Ängsten ohne jegliche Zärtlichkeit seiner Mutter fertig zu werden. Sie wird obendrein noch zurückgewiesen, sogar aggressiv behandelt.

Das Verhalten kommt den Vorstellungen des Vaters sehr entgegen. Für den Vater ist Johannes ein Wunderkind und ein Durchblicker –

heißt nicht Prometheus der Vorausblickende und der Vorausdenkende? Er spaziert aus dem Mutterleib und ihm ist alles vertraut auf der Welt. Er redet wie ein Mann, dem die Welt gehört, Englisch und Französisch, nicht aber die Sprache seiner Eltern. Sein Auftrag ist, viel zu schaffen und zu vollenden und große Taten in der Welt als Wissenschaftler zu vollbringen.

In seltsamem Kontrast dazu steht die Unfähigkeit zu schlafen und Johannes' Angst vor dem Schlaf. Der Vater beschreibt diese Schwierigkeiten wie einen Kampf gegen das Eintauchen in das Wasser, einen Kampf gegen das Ertrinken und Untergehen. Wir werden nicht fehlgehen, dies zu verstehen als ein Sich-Anvertrauen einer primär narzißtischen Welt, gleichermaßen der primären Weiblichkeit. Sie ist in hohem Maße als etwas Gefährliches und Verschlingendes besetzt und für den Vater gleichbedeutend mit seinem Schritt in den heiligen Stand der Ehe, in den er mit der Geburt des Buben getreten ist. Wieder ist unverkennbar, wie eindeutig der Vater seinen Sohn mit sich identifiziert und wie es primär um die Ängste des Vaters geht, die hier eine hauptsächliche Rolle spielen. Die großen Befürchtungen, seiner Frau wehzutun, lösen sogar die Frage nach seiner Identität aus: wo er überhaupt sei.

Die Haltung und die Symptomatik von Johannes werden auf diese Weise im Zusammenhang mit den unbewußten Wünschen, Ängsten und Schuldgefühlen des Vaters verständlich und erweisen sich als eine projektive Identifizierung, in der Vater und Sohn gefangen sind. Der kleine Säugling – und bedenken wir, seine Schlafstörungen haben mit der Geburt begonnen – ist, so könnte man sagen, eine Marionette der unbewußten Phantasien des Vaters.

Es ist unschwer festzustellen, daß es dabei um Probleme von Wünschen und Ängsten mit einer verschlingenden Mutter-Imago geht, der eine hypertrophierte Männlichkeit entgegengesetzt wird, um eine radikale Gegenbesetzung zu schaffen, die die Existenzfähigkeit garantiert. Diese wiederum ist mit schwersten Schuldgefühlen behaftet. Es handelt sich somit um einen Individuationskampf des Vaters, der in den Sohn projiziert und von diesem als etwas Eigenes übernommen wird.

Der Wunsch des Vaters geht dahin, einen Sohn zu haben, der keine Angst vor Frauen hat, um durch Identifizierung mit dem Sohn an seiner

Männlichkeit teilzuhaben. Hier scheint die Hoffnung verborgen zu sein, auf diesem Wege von der primären Identifizierung der verschmelzenden Symbiose mit der eigenen Mutter loszukommen, um eine eigene Individuation ohne Schuldgefühle zu vollziehen. Wenn Johannes der Vorname des Lieblingsjüngers von Jesus ist, ist auch die Wahl des Vornamens des Buben gewiß nicht ohne Bedeutung.

Die Lebensgeschichte des Vaters, nur in einzelnen Punkten mir bekannt, steht hierzu in einem kohärenten Zusammenhang. Als Jüngster der Familie mit zwei älteren Zwillingsbrüdern geboren, hat er seinen Vater, der im Kriege fiel, nie gekannt. Er erinnert sich, in seiner Kindheit sehr bemüht gewesen zu sein, sich ein Bild von seinem Vater zu machen, das ihm seine Mutter nicht vermitteln konnte. In der Pubertät habe er sogar zwanghaft immer wieder die Photographie seines Vaters abgezeichnet, um zu wissen, wie er war. So scheint es nicht völlig abwegig zu denken, daß die Geburt dieses Sohnes auch im Zusammenhang mit einer Wiedergeburt seines Vaters gesehen werden kann (s. auch Stork, 1987).

Die Mutter von Johannes, eine Frau mit einem Mona-Lisa-Lächeln, zeigt sich zurückhaltend und überläßt ihrem Mann jegliche Initiative, gut wissend, wie leicht kränkbar und überempfindlich er reagiert. Sie ist gerne bereit, ihre Belange zurückzustecken, wenn auch unzweifelbar ist, daß sie die Fäden in der Hand hält. Es scheint, daß sie noch sehr konflikthaft an ihren eigenen Vater fixiert ist, der über 30 Jahre älter war als ihre Mutter und starb, als sie 15 wurde. Sie trägt die Überzeugung, durch ihren Haß an seinem Tod schuldig zu sein.

Es klingt wie eine Vorsehung, wenn ich erwähne, daß die Mutter schon während der Schwangerschaft befürchtet hat, einen Sohn zur Welt zu bringen, der nicht schlafen könne; was als besonders schlimm angesehen ist, weil der Rückzug in den Schlaf für sie eine übergroße Bedeutung hat.

Ein experimentum crucis

Die Verhaltensforschung (Stork, 1986 a) und insbesondere einige Beobachtungen von Brazelton können uns helfen, eine solche Entwicklung zu verstehen. Brazelton (1974, 1982) hat hierzu ein faszinierendes Experiment – sozusagen ein experimentum crucis – beigetragen, dessen weitreichende Bedeutung noch nicht ausgelotet ist, so gibt es guten Grund zu argumentieren.

Bei diesem Experiment sitzen Baby und Mutter einander gegenüber und sind in einem natürlichen emotionalen Austausch. Die Mutter lacht ihr Baby an, das Baby sie, sie scherzen miteinander, die Mutter berührt seine Arme und Beine, es kommt zum Ausstoßen freudiger Töne, Strampeln, so wie wir dies alle kennen. Brazelton machte nun aber die Erfahrung, daß sich das Baby in einer solchen Interaktion periodisch kurz zurückzieht, sich sozusagen von der Mutter und dem freudigen Austausch mit ihr abwendet und dies einige Male in der Minute. Darüber hinaus konnte er zeigen, daß manche Mütter in der Situation dieses Abwenden nicht ertragen und alles tun, damit sich das Kind die ganze Zeit über ihr zuwendet. Dies veranlaßte Brazelton herauszufinden, was passiert, wenn er in seinem Experiment die Mutter dazu anhält, das periodische Abwenden ihres Kindes nicht zu dulden. Er konnte zeigen, daß das Kind auf ein solches Verhalten der Mutter auf verschiedene Weise reagiert und zwar: mit einer Art Fluchtreaktion, mit Wegstoßen der Mutter, durch Einschlafen, auch durch lautes Schreien usw.

Das Experiment macht erst einmal möglich zu erkennen, daß schon ein Baby die Notwendigkeit verspürt, sich aus einer Beziehung zur Mutter von Zeit zu Zeit zurückzuziehen, sozusagen bei sich aufzutanken, sich zu revitalisieren, wie es Brazelton nennt. Wir machen also die erstaunliche Erfahrung, erkennen zu müssen, daß der Säugling schon etwas hat und etwas ist, wohin er sich zurückziehen möchte. Aber es geschieht noch etwas anderes. In dem Rückzug des Säuglings, dem eine Zuwendung vorausgeht oder/und wieder folgt, ist auch eine Abwendung und damit eine Verneinung der Zuwendung verwirklicht – und dies für das Erleben der Mutter, wie auch des mit ihr eng in Verbindung stehenden Säuglings.

So wird diese erste Verneinung im Erleben von Mutter und Kind zu der frühesten Ausdrucksform einer Aggression, und es ist keine Seltenheit Mütter zu finden, die dies sehr lebhaft wahrnehmen. Für den Säugling hingegen, wie ebenfalls für eine verständige Mutter, ist die Abwendung und Verneinung nicht nur ein Zeichen von Aggression, sondern bewirkt den Ausdruck von Eigenständigkeit und Eigenart und wird damit zu seinem ersten Zeichen der Individuation. Das ursprüngliche Element des individuellen Entwurfes, als Anfänger und Vorläufer der Individuation, das somit die Abwendung und die Verneinung darzustellen scheint, kann aber nicht zum Tragen kommen, ohne daß die Mutter diesem Verhalten die semantische Bedeutung einer Verneinung und Bejahung gibt und damit dem aggressiven Anteil ihres Säuglings Existenz verleiht. Dies ist das Thema der ersten Verneinung.

Die Beobachtungen geben somit Einblick in die Rolle des Säuglings als Partner in der Interaktion mit der Mutter und die kurzen Zyklen, als eine rhythmische und kohärente Konfiguration von Zuwendung und Rückzug, Bejahung und Verneinung bilden die Grundlage für jede langandauernde Interaktion. „Daher scheint die wichtigste Regel zur Aufrechterhaltung einer Interaktion zu sein, die Entwicklung einer Einfühlsamkeit der Mutter für die Fähigkeit der Zuwendung und die Notwendigkeit des Rückzugs ihres Babys nach einer Zeit der Zuwendung“ (Brazelton, 1982). Und man könnte hinzufügen, gleichermaßen die Grundlage eines Dialoges, die den Widerspruch und damit den Konflikt einbeschließt, und damit die Individuation einführt.

Zum anderen scheint es so, daß Mütter, die das Abwenden ihres Babys nicht ertragen können, als Mütter erlebt werden, die dem Baby keinen Eigenraum lassen können, zu vereinnehmend wirken und damit Einmischungen und Übergriffe in das Leben des Säuglings vornehmen, gegen die sich der Säugling schon sehr früh zu wehren versuchen muß.

Die erste Verneinung

Die Ausführungen lenken unsere Aufmerksamkeit auf zwei neue Erkenntnisse, die einmal in den Auswirkungen der unbewußten Phantasien der Eltern auf den Säugling bestehen, und die zum anderen unser Thema, nämlich die Bedeutung betrifft, die die erste Verneinung für die frühkindliche Entwicklung hat.

Die *erste Erkenntnis* besteht in einer recht unerwarteten und in hohem Maße überraschenden Erfahrung. Sie läßt uns erfahren, welche Macht die unbewußten Phantasien von Mutter und Vater auf die psychische Entwicklung des Säuglings haben können. Es scheint, daß der Neugeborene in gewissen Umständen nahezu seismographisch auf die unbewußte phantasmatische Situation, in die er hineingeboren wird, reagiert. Er saugt, man möchte sagen, wie ein Schwamm das unbewußte Geschehen in sich auf, um verschiedentlich darauf zu antworten. Die eine Reaktion läßt an eine narzißtische Vereinigung denken, die eine wechselseitige Vereinnahmung und sogar eine gegenseitige Verführung organisiert. Das kleine Kind übernimmt die ihm zugedachte Rolle, mit dem offensichtlichen Wunsch, einem Elternteil zu gefallen und scheint daran sichtbaren Gefallen und Genugtuung zu finden. Die andere und gleichzeitige Reaktion besteht in der Organisation einer psychischen oder psychopathologischen Störung, die letztlich einem unterdrückten Bedürfnis nach Eigenständigkeit und Individuation zu entsprechen scheint.

Eine bekannte Erfahrung jedoch besagt, daß nicht nur das Verhalten sondern ebenfalls das Unbewußte von Mutter und Vater einen nicht zu unterschätzenden Einfluß auf das frühe Erleben des kleinen Kindes hat. Die unbewußten Regungen haben großen Anteil bei jeder Form von Gestaltwerdung der Wünsche des Säuglings, wobei wohl denjenigen der Individuation ein besonders zentraler Platz zukommt. Bei dieser Einflußnahme kann man dennoch nicht von Vereinnahmung und Verführung sprechen. Es kommt zu keiner Überflutung des kleinen Kindes mit den Reizen der unbewußten Phantasien von Erwachsenen. Der schon von Freud (1920, 27) erwähnte Reizschutz, der von den Eltern aufrechterhalten wird, behält seine Funktion. Die ersten Identifizierungen erlauben den narzißtischen Projektionen des Säuglings ihre Auswirkungen auf die Eltern und führen zu einer tragenden Annahme der Individuation des Kindes mit seinen Besonderheiten. In den mitgeteilten Fällen jedoch ist jeder Zugang zur Individuation verbaut.

Dieser Umstand verdeutlicht, daß sich die Verwirklichung und Gestaltgebung der unbewußten Phantasien der Eltern im Kind nur unter einer Bedingung ereignen, die ausschlaggebend erscheint: Es muß eine große Intensität von tiefen und unbewußten Ängsten von seiten der

Eltern im Spiel sein, die zur Bewältigung dieser aus ihnen hervorgehenden existentiellen Not eminente unbewußte Phantsiegebilde geschaffen haben, welche auf den Säugling projiziert werden.

Mit diesen Ergebnissen vergleichbar sind Ausführungen, die Winnicott (1960 a und b) im Zusammenhang mit der Entstehung der kindlichen Psychose und der Entwicklung des falschen Selbst gemacht hat. Er spricht von impingements, was soviel wie Zusammenstoß und Übergriff heißt. Aber erst die Reaktionen auf die Übergriffe, die meistens aggressiver Natur seien, stellten das entscheidende Geschehen dar, welches die individuelle Entwicklung verhindert. Die Folge der sich aufbauenden Aggression sei, daß eine Unfähigkeit bestehe, die Persönlichkeit nach dem Muster einer Kontinuität des fortdauernden Seins aufzubauen. Es komme zu einer Zerstückelung der Linie der Seinskontinuität und ein Gefühl der Sinnlosigkeit trete hervor. Kann kein individuelles Erleben entstehen, fährt Winnicott fort, so wird die Fähigkeit zu Wünschen beeinträchtigt. Die Möglichkeit der Illusionsbildung, sowie der Organisation des wahren Selbst wird beeinträchtigt oder unmöglich gemacht. Das Ergebnis ist eine sehnsüchtige Suche nach dem haltenden Arm der Mutter oder dem Mutterleib (1956 b) oder das Gegenteil, nämlich die Angst vor der Frau, die Angst vor der ersten absoluten Abhängigkeit (1956 a).

Das äußerste Maß an Reaktion auf Übergriffe bringt nach Überlegungen von Winnicott in diesem Alter die Angst vor Vernichtung hervor. Dies sei eine sehr reale, primitive Angst, die vor allen anderen Ängsten auftritt, in ihrer Beschreibung das Wort „Tod“ enthält (1956 a) und die häufig einer psychotischen Entwicklung vorausgeht.

Winnicott beschreibt in diesem Zusammenhang (1960 b) auch die Entstehung des falschen Selbst. Nach ihm ist das zentrale Selbst die kindliche Omnipotenz, die Lebenskraft, die bei Umweltstörungen das Gefühl der Omnipotenz und des kontinuierlichen Daseinsgefühles bewahrt.

Gelingt der Mutter die Anpassung an die frühkindlichen Bedürfnisse des Kindes nicht, so wird es in eine falsche Existenz gezwungen, zum sich Fügen verführt; etwas, das man schon in den frühesten Stadien beobachten kann. Dann reagiert ein gefügiges, falsches Selbst auf die Umweltforderungen und ein falsches System von Beziehung baut sich auf mit dem Ziel: das wahre Selbst zu verbergen und zu schützen. Das falsche Selbst muß Bedingungen schaffen, die es dem wahren Selbst ermöglichen zu überleben und der Vernichtung zu entgehen.

Bekanntlich hat Bettelheim (1967, 97–106) unabhängig davon im Zusammenhang mit der Behandlung von psychotischen Kindern ähnliche Vorstellungen entwickelt. Er hat einerseits ausgeführt, von welch großer Bedeutung es für das Kind ist, das Verhältnis zur Mutter aktiv mitzugestalten, sogar äußere Ereignisse seiner persönlichen Aktivität zuzuschreiben. Er fährt fort, daß die Persönlichkeit des Kindes sich nur aus dem einen Grunde heraus entwickelt: sie möchte ihre Umgebung beeinflussen und bewältigen und es ist durch das Handeln, daß sie ihre psychische Ganzheit und Unverletztheit bewahrt, während Passivität sie zerstören würde. Wird der Säugling jedoch gehindert in der Beziehung zur Mutter aktiv zu werden oder bewirkt sein Handeln keine Reaktion, wird er ein hilfloses Opfer von innerer Spannung, und von ohnmächtiger Wut überwältigt.

Die Erfahrungen über die Macht der unbewußten Phantasien machen erst die *zweite Erkenntnis* in ihrer umfassenden Wichtigkeit einsichtig, die ich die erste Verneinung genannt habe. Sie wird in einem Gegensatzsystem verständlich, und erhält ihre Bedeutung als eine Bewegung, die sich als Gegenkraft dem Wunsch nach narzißtischer Vereinigung entgegenstellt. Damit berufe ich mich auf Freud, der in dem kleinen Aufsatz ‚Die Verneinung' (1925, 15) ausführt: „Die Bejahung – als Ersatz der Vereinigung – gehört dem Eros an, die Verneinung – Nachfolge der Ausstoßung – dem Destruktionstrieb."

Die Freud'sche Wortwahl und Gegenüberstellung von Bejahung und Verneinung scheint mir diesen Vorgang treffend zu erfassen. Die Verneinung läßt sich in diesem Zusammenhang als die Bewegung verstehen, die die angebotenen Identifizierungen verneint, was bedeutet, zu der Bejahung und der ihr implizit innewohnenden Vereinigung durch Abwenden, Dissonanz und Auflehnung eine Distanz und Gegenbesetzung schafft, aus der sich schließlich die erste Verneinung entwickeln kann. Dies wiederum ist gleichbedeutend mit einer ersten Ausdrucksform der eigenen Existenz und letztlich der Entfaltung der Individuation. Es steht wohl außer Zweifel, daß der Zugang zu einem psychischen Geschehen, das die Verneinung einbezieht, für das kleine Kind eine Öffnung darstellt, die von weitreichender Bedeutung für die psychische Gesundheit ist. Schon Freud (1925, 15) hatte dieses erkannt, wenn er schrieb: „... daß die Schöpfung des Verneinungssymbols dem Denken einen ersten Grad von Unabhängigkeit von den Erfolgen der Verdrängung und somit auch vom Zwang des Lustprinzips gestattet hat." Er bringt also die Verneinung in Zusammenhang mit einer ersten Distanzierung vom Lustprinzip. Sie bewirkt eine erste Loslösung von einer übermächtigen Mutterimago, als einer archaischen Ebene der psychischen Realität, in die durch ihr Vorhandensein die Symbolbildung eingeführt werden kann und der Zustand des Verklebt- und Verstricktseins aufgehoben wird.

So verstanden kann sich die erste Verneinung nur gegen den Widerstand, der von der Suche nach Harmonie ausgeht, und gegen das Nirwanaprinzip entwickeln und läuft immer Gefahr, von dem Streben nach Vereinigung eingeholt und angehalten zu werden. Dies auch unterstreicht André Green (1986) wenn er schreibt: „Um JA zu sich selber sagen zu können, muß dem Objekt NEIN gesagt werden."

Die Bewegung der ersten Verneinung, und dieses wird aus den Erfahrungen überdeutlich, kann jedoch nur dann Existenzcharakter bekommen, wenn die Mutter die Fähigkeit besitzt, die eigene Ablehnung, die sie durch das Kind erfährt, nicht nur negativ zu besetzen. „Damit sich der Säugling gestalten kann, was gleichbedeutend ist mit Zu-sich-ja-sagen-Können, ist es wesentlich, daß die Mutter akzeptiert, daß er zu ihr NEIN sagt. Dies geschieht nicht nur in der Form ‚Du bist schlecht', sondern auch in dem Zusammenhang ‚Du existierst nicht'" (Green, 1986).

Die entscheidende Vorbedingung für die erste Verneinung und damit den ersten Entwurf einer Individuation ist somit eine reale Mutter, die trotz der Erfahrung, daß ihr Kind ihr nicht die verheißene Harmonie und nicht alle anderen an das Kind geknüpften Erfüllungen ihrer Wünsche möglich macht, dessen Andersartigkeit mit seinen Eigenarten und seinem Eigensinn annehmen kann. Erst über diese Annahme, die die bittere Erkenntnis einschließt, keine ideale Mutter sein zu können, sondern auch Gefühle von Haß zu haben und Schuld gegenüber dem Kind auszuhalten, erhält die Fähigkeit des Säuglings existent, eine eigene Person zu sein.

In der ersten Verneinung, als Ausdruck seiner Notwendigkeit zur Individuation, die Wurzeln der primären Aggression zu sehen, liegt auf der Hand. Es ist auch der Ort, wo sich eine erste Unterscheidung zwischen einer integrierten und einer desintegrierten und zur Selbstzerstörung neigenden Aggression anbahnt.

Die Bewältigung einer solchen Aufgabe scheint für eine Mutter wiederum nur unter der Bedingung möglich, daß sie dem Vater des Kindes und überhaupt einem väterlichen Element, das nicht nur aus einer idealisierten Vaterimago besteht, in ihrem psychischen Geschehen Lebendigkeit verleihen kann. Dies besagt auch, daß der Vater als von der Mutter unterschiedlich investiert werden kann. Somit wird der Vater in der Mutter das Element, das sie zu einer guten Mutter macht (siehe ausführlicher Stork, 1986 a und b, 1987).

Meine in den letzten Jahren gemachten Erfahrungen mit der Behandlung von psychischen und psychosomatischen Störungen im Säuglingsalter zeigen so gut wie ohne Ausnahme, daß es von ausschlaggebender Bedeutung für die Gesundheit des Kindes ist, daß die Mutter dem Vater des Kindes einen Platz in ihrer Vorstellungswelt geben kann und nicht, was häufig passiert, ihn nur als eine zweite Mutter, eine Ersatzmutter dem Kind gegenüber anerkennt. Bei dem erwähnten Fall des kleinen Helden Johannes liegen die Dinge, was dieses Thema betrifft, noch anders, folgen dennoch demselben Grundmodell. Leider kann ich auf diese Unterschiede an dieser Stelle nicht eingehen.

Der überwertige Teil

Neben die psychischen Vorgänge, die es rechtfertigen, der Verneinung eine besondere Rolle in der Entfaltung der Individuation zuzuerkennen, möchte ich Überlegungen stellen, die nahelegen, daß die erstmalige Gestaltung eines individuellen Entwurfes und überhaupt das Kernstück individueller Befindlichkeit sich an einem Teil festmachen läßt, den ich einen überwertigen Teil zu nennen versucht habe.

Mir ist bewußt, daß mich manche – übrigens mit Recht – schelten werden, damit den festen Boden gesicherter Errungenschaft zu verlassen, um mich auf das schwierige Gebiet einer spekulativen Wissenschaft zu begeben. Laurence Sterne, auf den ich mich in meinen Ausführungen ausgiebig, wenn auch nicht ausschließlich, zu stützen gedenke, schreibt in seinem Tristam Shandy (227): „Es ist ein besonderes Glück, daß die Natur den Menschen mit der gleichen Unwilligkeit und Halsstarrigkeit begabt hat, wie man sie nur bei alten Hunden wahrnimmt, nämlich ‚keine neuen Kunststücke zu lernen'." Ich möchte meiner Hundeseele zum Trotz und eingedenk der Angst vor Ihrer Kritik, ein halsbrecherisches Kunststück wagen; in der Hoffnung, belebend und kontrovers zur Diskussion über das Phänomen Individuation Stellung zu nehmen.

Unter dem überwertigen Teil verstehe ich ein besonderes Stück – ein Kernstück – der Persönlichkeit, dem ein überaus hoher Wert zukommt, welches die Funktion eines roten Fadens hat, der „durch das Ganze durchgeht, den man nicht herauswinden kann, ohne alles aufzulösen und woran auch die kleinsten Stücke kenntlich sind...", wenn ich versuche, mich mit einem Zitat aus den Wahlverwandtschaften (Goethe 1809, 368) auszudrücken. Ein anderes Bild wäre dasjenige eines Schlußsteines im Scheitel eines Kreuzrippengewölbes, der besonders ornamentalisch oder figürlich verziert, das Ganze kunstvoll zusammenzuhalten versteht. So hat dieser überwertige Teil, wenn ich es richtig verstehe, auf unbewußter Ebene eine eminent organisatorische Bedeutung, die nur in einer dynamischen Vielfalt und im Zusammenhang mit wechselhaften Bildern verständlich wird.

In der Tradition der Psychiatrie hat der Begriff „überwertig" als Adjektiv, und zwar als „überwertige Idee" einen festen Platz. Man versteht bekanntlich darunter eine Vorstellung, der die Fähigkeit zukommt, in mehr oder weniger großem Ausmaß vom Bewußtsein Besitz zu ergreifen und das Denken und Handeln zu beherrschen. Die Rede ist hier also von einer „ver-rückten Idee", die eine unangemessene und übermäßige Bedeutung erhält und sich damit in dem Gesamtzusammenhang der Vorstellungs- und Gefühlswelt als störend und irrsinnig hervortut, einem Krankheitserreger vergleichbar. Ich habe lange gezögert, den schon festgelegten Begriff „überwertig" zu gebrauchen, um ihm eine zusätzliche Bedeutung zu geben. Nach vielem Abwägen schien es mir jedoch nicht abwegig, diesem Begriff über die Koordinaten der klassischen Psychiatrie hinaus, nämlich einzig als krankhaftes Element, einen weiteren und tieferen Sinn zu geben. Mit dem psychoanalytischen Verständnis für solche psychischen Vorgänge ist eine überwertige Idee, wie sogar der Wahn und ähnliche Erscheinungen, ein Hinweis und ein Zeichen für einen Kristallisationspunkt einer besonderen und individuellen Thematik, die unverwechselbar von zentraler Wichtigkeit für die psychische Organisation und den Zusammenhalt der Person ist; auch wenn sie uns vordergründig irrezuleiten versucht und ohne erkennbaren Zusammenhang auftritt. Sie ist somit ein Hinweis auf einen überwertigen Teil, könnte man argumentieren.

Klinische Beispiele

Lassen sie mich zwei Beispiele aus der täglichen Arbeit geben, ohne die meine Ausführungen nur schwer verständlich wären.

Eine Patientin von mir, die eine sehr lange Psychoanalyse nötig hatte und heute eine bekannte Malerin ist, sprach mir über dieses Phänomen, welches ich dasjenige des überwertigen Teils zu nennen versuche, wiederholt im Zusammenhang mit ihren Bildern, wodurch Probleme besonders anschaulich wurden, die ihre eigene Person betrafen.

Sie schilderte mir folgende Erfahrung: Wenn sie ein Bild male, habe sie plötzlich völlig spontan einen entscheidenden Einfall, nämlich, daß dort hinein irgendein Gegenstand müsse. So wolle und müsse sie quasi zum Beispiel in ein völlig abstraktes Gemälde einige Stühle malen. Eigentlich handele es sich in der Regel um einen ihr recht verrückt erscheinenden Einfall, fügt sie hinzu.

Wenn Sie dieses Bild dann jemand anderem zeigen würde, passiere immer wieder etwas, was sie zutiefst erschüttere. Der andere nehme nämlich Anstoß gerade an diesem besonderen Detail, das für sie eine so übergroße Bedeutung habe und finde es in der Regel seltsam, wenn nicht gar unmöglich. Sie fühle sich dann wie ertappt und zutiefst veranlaßt, den Gegenstand aus dem Bild zu entfernen. Damit komme aber eine Leere in das Bild und in ihr auf, das Bild verliere seine persönliche Note und sie werde sehr deprimiert. Sie könne sich dann aber wieder fangen, wenn sie beginne, ganz geschickt, in das Bild etwas hineinzumogeln, das nicht immer derselbe Gegenstand sei, aber ihm entspreche. Damit gebe sie dem Bild dieses Etwas, welches es für sie zu etwas Besonderem mache, etwas, was ihr gehören würde. Erst auf diesem Wege bekämen ihre Bilder eine zusammenfassende Aussage.

Ich meine schon, daß nachvollziehbar ist, wie ein so überaus persönlicher Teil eine solch hohe Bewertung erhält, die die Leere ausfüllt, sie sozusagen organisiert, und dem Bild wie auch dem Individuum Originalität und Zusammenhalt verleiht. Das Beispiel gestattet auch Parallelen zu der überwertigen Idee zu ziehen und zeigt auf, daß es nicht völlig abwegig ist, diese Vorstellungen mit Ausdrucksformen von besonders zentralen Teilen der Persönlichkeit in Zusammenhang zu bringen.

Daß die Patientin in ihrem Beispiel von Stühlen sprach, ist obendrein nicht unbedeutend und dies besonders in der Übertragung zu mir. Als sie viele Jahre vorher zu mir kam, verlief ihr Leben extrem eingeschränkt. Sie saß den ganzen Tag auf einem Stuhl, schaukelte und erbrach, um sich abends in Bars zu prostituieren. Von diesem überaus ernsten Zustand zu Beginn der Analyse konnte sie mir erstmals nach vier Jahren psychoanalytischer Arbeit berichten. Der verlassene Stuhl war ein Symbol ihrer Krankheit und der Entwicklung, die sie seither genommen hatte.

Meiner Meinung nach gibt uns die Kinderanalyse manchmal Gelegenheit, solch einen überwertigen Teil entstehen zu sehen. Bei einem anderen Buben, den ich Florian nenne, ereignet sich diese Bewegung einer ausdrücklichen Besetzung eines ersten individuellen Entwurfes in der Behandlung. Florian kommt erstmals im Alter von fünf Jahren zu uns. Wenn seine Symptomatik sich vor allem auf eine große motorische Unruhe mit im Kindergarten und zu Hause unerträglichen aggressiven Ausbrüchen erstreckt, weist seine Persönlichkeitsstruktur jedoch Züge einer psychotischen Störung auf.

In der Behandlung soll sich zeigen, daß Florian keinerlei Möglichkeit hat, sich des ihm zur Verfügung stehenden Spielkastens zu bedienen, oder sonst etwas darzustellen und zu gestalten, so daß sich die Stunden durch eine große Leere auszeichnen. Seine einzige Aktivität besteht darin, seinen Therapeuten* verächtlich zu behandeln, z. B. indem er eine

* Ich danke Herrn Michael Diercks für die Überlassung des Materials

Schüssel mit Wasser, die für ihn bereit steht, willentlich auf Tisch und Fußboden entleert oder ihn andauernd anspuckt. Im Zusammenhang mit diesem Verhalten ereignet sich immer wieder in ritualisierter Form, daß er sich in den Spalt zwischen die beiden Türen des Therapiezimmers einsperrt, um sich selbst wieder zu befreien.

Man kann wohl sagen, daß Florian tief in einem Prozeß steckt, der keinen individuellen Entwurf, keine Gestaltwerdung seiner eigenen Wünsche zuläßt, und der durch die Verachtung seines Gegenübers gekennzeichnet, aber gleichzeitig von einem selbstzerstörerischen Verhalten begleitet ist. So besteht ein ‚altes Spielchen' – wie es zwischen Florian und Therapeut genannt wird – in den Sitzungen darin, daß der Bub sich auf die Fensterbank des offenen Fensters setzt und droht, herunterzuspringen; was seinen Therapeuten oftmals in panische Angst versetzt, so daß er wiederholt eingreifen muß.

Dieser beschriebene Zustand in der Behandlung dauerte mit kleinen aber unbedeutenden Abweichungen beinahe ein halbes Jahr an. Welche Durststrecke für einen Therapeuten, der machtlos gemacht an seinem Beruf verzweifeln, und um sein psychisches Überleben in der Situation kämpfen muß! Seine Mühen, die Situation nicht zusammenbrechen zu lassen, sondern aufrechtzuerhalten, sollten belohnt werden. Bei Florian platzte der Knoten – wenn ich mich so ausdrücken darf – auf spektakuläre Weise; es sei jedoch vermerkt, nicht ohne sich später wieder zu knüpfen und eine lange Bearbeitung notwendig zu machen, die ihn endgültig aus diesen Konflikten herausführen sollte. Dieses Ereignis bestand darin, daß Florian zum ersten Mal eigene Vorstellungen einbrachte, denen er Gestalt und Ausdruckskraft gab, und ihm die Möglichkeit verschafften, in einen psychoanalytischen Prozeß einzutreten. Es lief im einzelnen folgendermaßen ab:

Die Sitzung beginnt wie üblich mit dem ‚Spielchen' am offenen Fenster und einem versuchten Anspucken. Als sich der Therapeut gegen das Anspucken wehrt, meint Florian, er fühle sich wohl wie ein Super-Boss und malt ein A ohne Querstrich an die Tafel, was offenkundig Arschloch heißt. Es folgt wieder das Einsperren zwischen die beiden Türen, was dieses Mal erstaunlicherweise jedoch vom Therapeuten vorgenommen werden soll.

Daraufhin entsteht erstmals ein rudimentäres Spiel: Es besteht darin, daß der Bub mit Hilfe eines Metallkastens, der für die Wachsmalkreiden bestimmt ist, Kreidestangen mehrere Male der Länge nach zu spalten versucht, bis sie schließlich völlig pulverisiert sind. Ähnliches passiert dem Krokodil, dem er auf diese Weise das Maul und den Schwanz abhackt.

Natürlich haben wir es mit einem Spielvorgang zu tun, dem noch wenig Spiel innewohnt, und der sich besonders durch Destruktivität auszeichnet, wenn diese auch in deutlicher Beziehung und Übertragung zu dem Therapeuten steht. Dennoch handelt es sich um eine erste Gestaltgebung eines Wunsches. Der Therapeut deutet ihm darauf, daß er alles dies ihm wohl antun möchte, seinen Penis zerkleinern, zerstückeln, pulverisieren möchte, wie er auch Angst habe, er und die Mutter könnten ihm so etwas antun. Diese Deutung einer Kastrationsproblematik war in anderem Zusammenhang und anderer Form nicht zum ersten Mal gegeben worden.

Dieses Mal jedoch zeigt sie eine erstaunliche Wirkung. Zum ersten Mal in der Behandlung konnte Florian eine Vorstellung einbringen und ihr mit Geschick und Ausdauer Form geben. Er bildet ein Knetmassenmännchen. Hierzu formt er zuerst einen braunen Kopf, mit Augen Haaren und Schnurrbart hellbraun und den Mund aus roter Knetmasse, um sodann dem Männchen eine braune Kappe mit Federn aufzusetzen. Darauf bildet er ihm einen Körper, Beine und Arme und sagt: „Jetzt wird sich meine Mama freuen!"

Sein Therapeut hat dazu einen nicht minder beeindruckenden Einfall. Er erinnert sich an die allererste Sitzung der Behandlung, in der Florian bei der Inspektion des Spielmaterials, das ihm zur Verfügung steht, mit großer Verachtung bemängelt hatte, daß die Feder am Hut eines Spielzeugmännchens, das der Therapeut ihm zur Verfügung gestellt hatte, fehlte. Der Therapeut nimmt in der Sitzung über ein halbes Jahr später dieses auf und sagt, daß er einen Mann forme, der vollständig sei, die Feder auf dem Hut habe, und der der Mama gefallen würde.

Ohne darauf einzugehen, vervollständigt Florian sein Knetmassemännchen. Als er aber bei einem Knopf zwischen den Beinen angekommen ist, wird er unsicher und gerät in einen Konflikt. Es wird offenkundig, daß er dem Männchen eigentlich einen Zipfel zwischen die Beine tun möchte. Er läßt jedoch von dem Wunsch ab und gibt ihm eine Art Stock in die Hand. Am Ende der Stunde äußert er den Wunsch, ihn seiner Mutter mitbringen zu können.

In der nächsten Stunde wird er diesen Mann abzeichnen, ihn einen schönen Mann, sowie den Herrscher der Unterwelt nennen und ihm ein Piratenschiff mit Schätzen und einer Totenflagge malen; eine Zeichnung, die er übrigens ebenfalls unbedingt seiner Mama zeigen möchte. Seit der letzten Sitzung hatte sich auch seine Übertragung gewandelt und am Ende dieser Sitzung bekommt der Therapeut sogar den Eindruck, daß Florian ihn umarmen und küssen möchte.

Das Material läßt viele Fragen entstehen; so z. B.: Warum sich gerade in dieser Sitzung etwas Neues ereignen konnte? Wie eine solche Entwicklung sich schon vorher angebahnt hatte? ... bis hin zu Fragen: Warum muß der Gestaltung des Männchens die Pulverisierung des Penis seines Therapeuten vorausgehen? Oder: Inwiefern wird es verständlich, daß am Ende erstmals eine positive Übertragung auftritt?

All dies kann dennoch an dieser Stelle nicht Inhalt der Diskussion sein, wie wünschenswert es auch wäre. Hier geht es einzig um den bemerkenswerten Umstand, daß Florian zum ersten Mal zu einer Formgebung von einer Vorstellung kommt, und vor allem, daß es sich bei dieser ersten individuellen Idee um ein Männchen handelt, das (wenn auch in einem analen Kontext) mit der Feder und dem Stock, als Ersatz für den Penis sowie als ganzes Gebilde ein Gegenstand von übergroßer Bedeutung wird, welches letztlich ohne jede Zweideutigkeit einen Phallus repräsentiert.

Das Männchen stellt aber nicht nur einen Phallus, sondern vornehmlich einen Gegenstand dar, den er sich zurechnet, der zu ihm gehört, aber in Gegenwart des Therapeuten entstanden ist und der der Mutter gefallen wird. Dieser Umstand verweist uns sowohl auf eine mütterliche Übertragung, als auch darauf, daß Florian sich nun zugestehen kann, etwas Originelles für sich zu besitzen und in Anspruch zu nehmen – „einen schönen Mann, einen Herrscher der Unterwelt und Piratenkapitän“ –, zu dem er vorher keinen Zugang hatte. Somit ist der überwertige Teil, der hier erstmals entstanden ist und besetzt wurde zwar ein Phallus und damit Sexualität. Er ist aber gleichzeitig – und wie wollte man unsere sexuellen Regungen von irgendeiner menschlichen Lebensäußerung trennen können, ohne sie zu töten – oder vielleicht sogar hauptsächlich ein zentraler Teil personaler Individuation, so zumindest möchte ich behaupten.

Mir scheint, daß die ganze Bedeutung der Entstehung einer solchen Gestaltgebung in dem nach außen projizierten Vorhandensein einer Besonderheit und Einzigkeit als Existenzgrund für die eigene Person liegt. Dabei ist mir obendrein die Überlegung wichtig, daß womöglich ein solch überwertiger Teil, der, wie wir auch im nächsten klinischen Beispiel beobachten können, eine schwere Geburt sein kann, als ein Kristallisationspunkt zu betrachten ist, der von diesem Punkt an mit den Identifizierungen, die ihm anhaften, sein Schicksal hat.

Die Nase und andere Teile

Die Literatur, aber vor allem der Volksglaube, kennt eine große Reihe von gegenständlichen Teilen, nicht selten Teilen des Körpers, die zwar etwas Festumrissenes und Konkretes darstellen und die eine eindeutige Funktion erfüllen, denen jedoch darüber hinaus eine Bedeutung zugesprochen wird, die frei erdichtet ist und uns äußerst widersinnig anmutet. Da ich mir von dieser Seite her neue Einblicke in das Thema des überwertigen Teils verspreche und mich nicht scheue, auch recht absurde Dinge aufzugreifen, möchte ich mich mit einem Organ oder Fortsatz beschäftigen, den wir Menschen mitten im Gesicht tragen, nämlich der Nase.

Um die Nase haben sich seit jeher die groteskesten Vorstellungen gerankt. Bekanntlich sieht man einem an der Nase an, was er für ein Mensch ist. So soll man auch schwangeren Frauen keine Bitte um etwas Essig abschlagen, sonst bekommt das Kind keine Nase. Und wenn man eine kleine oder große Nase haben will, soll man – wie in Biel bekannt wurde – am Weihnachtsabend zwischen ein und zwei Uhr die größte Eiche des Waldes aufsuchen. Davon nehme man das höchste Blatt, danach töte man eine Katze, deren Schwanzspitze weiß ist, streiche einen Blutstropfen auf das Blatt, halte es in die Höhe und sage die drei höchsten Namen. Dann reibe man damit die Nase ein, schließe dabei die Augen, sage was für eine Nase man will; und der Wunsch verwirklicht sich.

Wenn über Nasen gesprochen wird, muß man nicht nur an Italo Calvino (1986, 12) denken, wenn er schreibt: „... alles spürt man zuerst mit der Nase, alles ist in der Nase, die Welt ist Nase, ...", sondern sich vor allem an ‚Das Leben und die Meinungen des Tristam Shandy' erinnern. Über dieses bezaubernde Buch zu sprechen und die Steckenpferde des Sir Walter Shandy zu erwähnen, ist ein lohnendes wie unmögliches Unterfangen. Ich erinnere in diesem Zusammenhang nur an einige Passagen aus seiner unvollendeten Dissertation über Nasen und Vornamen, in denen Walter Shandy nachweisen will, daß der Name und die Form der Nase das Schicksal ihres Trägers beeinflußt und die Vortrefflichkeit der Nase in einem direkten arithmetischen Verhältnis zu der Vortrefflichkeit der Einbildungskraft ihres Besitzers steht (237).

Die Tiefgründigkeit des Themas ist nicht zu übersehen, wenn Laurence Sterne (224) zu Anfang seines Nasenexkurses schreibt:

„Deswegen also definiere ich eine Nase wie folgt – nur bitte ich im voraus meine Leser und Leserinnen, welchen Alters, Temperaments und Standes sie sein mögen, und ersuche sie um der Liebe Gottes und ihrer eigenen Seelen willen, vor den Versuchungen und Einflüsterungen des Satans auf der Hut zu sein und ihm nicht zu gestatten, daß er durch Ränke oder List ihnen eine andere Idee in den Kopf setze als die, welche ich in meiner Definition niedergelegt habe. Denn unter dem Wort ‚Nase' verstehe ich in diesem langen Nasenkapitel und an jeder anderen Stelle meines Werkes, wo das Wort Nase vorkommt – das erkläre ich hiermit –, eine Nase und nichts mehr oder weniger."

Auch versucht Tristam Shandy uns, wie es schon Ambrosius Paraeus bei seinem Vater tat, davon zu überzeugen (239) „... die Länge und Güte der Nase hinge bloß davon ab, wie sanft und weich die Brust der Amme sei, ebenso wie die Kürze und Plattheit der Nasen der Spätergeborenen davon abhingen, wie prall und elastisch dieses nährende Organ bei den jungen und frischen Ammen beschaffen sei, was zwar angenehm für die Frau, aber schädlich für das Kind sei, indem seine Nase dadurch so gestaucht, geprellt, verkleinert und verkühlt werde, daß sie unmöglich ad mensuram suam legitimam gelangen könne; wenn aber die Brust der Mutter oder Amme fein, weich oder nachgiebig wäre, sagt Paraeus, wird die Nase, indem sie hineinsinke wie in ein Stück Butter, gehegt, gepflegt, gestärkt, genährt, gesteift und zum ständigen Wachstum angeregt."

Zeigen wir uns hier eher amüsiert und verweisen all diese Phantastereien in die Welt der Narretei, so berührt uns Nikolai Gogols kleine Novelle „Die Nase" schon in ganz anderer Weise. Um unserer Beklommenheit zu entgehen, möchten wir ihm gerne zustimmen, wenn er am Ende schreibt: „Doch am Merkwürdigsten, am Unverständlichsten von allem ist, daß Autoren derlei Sujets überhaupt wählen können. Ich gestehe, das ist für mich zu hoch, das ist geradezu .... nein, nein, ich kann es überhaupt nicht verstehen. Erstens hat das Vaterland nicht den geringsten Nutzen davon; zweitens .... aber auch zweitens hat es keinen Nutzen. Ich weiß einfach nicht, was das bedeuten soll. ..."

Wie sie sich erinnern mögen, geht es um den ehrgeizigen und eitlen Kollegienassessor Kowalew. Die verwirrende Erzählung läßt uns teilnehmen an dem Schreck, der den Helden überkommt, als er bei der Morgentoilette statt der Nase in seinem Gesicht eine völlig glatte Stelle bemerkt. Als er sich auf die Suche seines für seine berufliche und gesellschaftliche Karriere so unentbehrlichen Körperteils begibt, trifft er seine Nase mitten in der Hauptstadt auf offener Straße in der Uniform eines Staatsrates, einer Person also, die er so liebend gerne hätte sein mögen. Die Geschichte macht noch einige Umwege und hüllt manches in Nebel, endet aber schließlich gut und damit, daß Kowalew, als er in den Spiegel schaut, die Nase wieder an ihrem Platz findet.

Viel ernster, ja tragisch endet eine andere Nasenerzählung. In seinem letzten Roman schildert uns Luigi Pirandello einen Helden Vitangelo Moscarda, als einen bisher friedlich dahinlebenden jungen Mann. Erst als seine Frau ihn darauf hinweist, daß er einen Schönheitsfehler hat, sich nämlich seine Nase nach rechts dreht, beginnt ein Prozeß, durch den die Einheit seiner Person zerbricht. Er ist nicht einer, er ist keiner oder hunderttausend verschiedene Personen. Die Erkenntnis, daß er demnach „nicht ist", sondern „scheint", bedeutet für ihn den Beginn des Wahnsinns und erfüllt ihn mit fundamentaler Daseinsangst. In dem Gedanken, erst durch die anderen „jemand" zu sein, sein zu können, fühlt er sich der Umwelt ausgeliefert. Zur Verteidigung seiner Existenz nimmt er sich vor, das jeweilige Bild, das die Person seines Umkreises von ihm hat, systematisch zu zerstören. Ohne hier wiederum auf Einzelheiten eingehen zu können, was lohnenswert wäre: Die Geschichte endet damit, daß Moscarda versucht, sich zu einem Nichts zu reduzieren und ihr letzter Satz lautet: „ich lebe, nicht mehr in mir, sondern ganz in jedem Ding, das draußen ist."

Ich bin unglücklich, bei diesen so bemerkenswerten Geschichten nicht länger verweilen zu können. Aber Sie werden vielleicht einverstanden mit mir sein, daß es nicht völlig abwegig ist, die Nase in diesem Zusammenhang als einen überwertigen Teil par excellence zu sehen, der unser Interesse verdient; und dies:

- in seiner Doppelbedeutung als ein entscheidender Teil der Persönlichkeit wie auch als ein Teil, der den Penis symbolisiert und die Sexualität repräsentiert – Laurence Sterne.
- als ein Teil, der verloren gehen kann, der sich sogar selbständig machen kann, weil er etwas Besseres ist und nicht mehr zu dem Rest paßt – Nikolai Gogol.
- und als beschädigt und ungenügend erlebt wird; was das Zerbrechen der Person und Individuation durch die Macht des Wahnsinns bedeutet – Luigi Pirandello.

Ähnliches, womöglich weniger beispielhaft, ließe sich ohne viele Mühen von anderen Körperteilen sagen, wie zum Beispiel der Kopfbehaarung oder den Barthaaren. Denken sie nur an Simson oder Klein Zaches genannt Zinnober oder an die vielen Märchen wie dasjenige vom Teufel mit den drei goldenen Haaren ... Die Kahlköpfigkeit galt als großes Übel, so zählte auf dem Balkan jemand ohne Haare nicht mehr unter die Menschen. Über den Bart ließe sich selbiges ausführen: Wurden nicht selbst weibliche ägyptische Herrscher mit dem Bart als Symbol ihrer Macht ausgestattet, oder der Bartschwur ... Aber auch über Zwerge ließe sich solches sagen. Und all das, was über den Doppelgänger, über den verlorenen Schatten, oder über das verlorene Spiegelbild geschrieben wurde, gehört letztlich zu diesem Thema; nicht zu vergessen das Katze- und Mausspiel, das in den Phantasien unserer Kinder einen großen Raum einnimmt und dessen Bedeutung auf ähnliche Phänomene zurückgeht.

Es ist nicht zu übersehen, daß mein Anliegen über den überwertigen Teil und im Zusammenhang mit dem Volksglauben wie auch der Belletristik nachzudenken sich zu einem unendlichen Unterfangen auswächst, in dem ich mir wie ein Zauberlehrling vorkomme, der den Gedanken nicht mehr Einhalt zu bieten vermag. Also verlasse ich dieses heikle Terrain.

Prometheus und andere Helden

Abschließend möchte ich mir noch erlauben, auf die Helden und Ur-Rebellen zu sprechen zu kommen, wie Prometheus einer für die griechische Mythologie war.

Es gibt gute Gründe, Prometheus als einen Helden anzusehen, der das Prinzip der Individuation symbolisiert und sein Schicksal als dasjenige eines Menschen zu verstehen, der die Bürden der Individuation auf sich nimmt. Sein Adler, der eng zu seinem Schicksal gehört, wird uns wohl einen weiteren Aspekt des überwertigen Teiles vor Augen führen.

Die Geschichte von Prometheus ist der Schöpfungsgeschichte aus der Bibel nicht unähnlich. Das Feuer steht gleichermaßen für den Baum der Erkenntnis von Gut und Böse, der sich mitten im Paradies befindet und von dem eigentlich verboten ist zu essen. Seine Früchte bewirken bei Adam und Eva unmittelbar die Wahrnehmung der Unterschiede zwischen den Geschlechtern, womit zweierlei gesagt ist: einmal sich des Geschlechtes, dieses überwertigen Teiles, der Lust macht, zu freuen, wie zu anderem die Notwendigkeit, das Geschlecht schuldbewußt zu verstecken. Mit der Überschreitung des Verbotes und der Erkenntnis ist der Abfall von der Ureinheit vollzogen, die mit der Trennung vom Baum des Lebens und mit dem Tod bezahlt werden muß. Zur Strafe verflucht fortan Gott den Menschen, sät Feindschaft zwischen Mann und Weib, legt ihm alle Beschwernisse in den Weg; was an die Büchse der Pandora denken lassen kann.

Die Verneinung der Ureinheit führt zur Individuation. Sie aber schließt Schuld und Strafe ein, auch den überwertigen Teil, durch das Geschlecht dargestellt.

Prometheus, der sich schon dadurch hervorgetan hatte, daß er bei der Geburt Athenes aus dem Haupte des Zeus Geburtshelfer spielen konnte, ist ein besonderer Freund der Menschen und widersetzt sich den Befehlen von Zeus, um den Menschen mit Hilfe Athenes in einer Markhöhle eines Riesenfenchels das Feuer zu bringen.

Zeus schwört Rache und ließ eine Frau schaffen mit dem Namen Pandora – was die Allgeberin heißt –, die so böswillig wie schön ist und den Menschen in einer Büchse alle Plagen und Laster bringt, eingeschlossen die trügerische Hoffnung, die den Menschen daran hindert, durch freiwilligen Tod sich ein Ende zu setzen. Prometheus aber kettete er an eine Säule, in den kaukasischen Bergen. Jeden Tag, Jahr ein Jahr aus frißt ein gieriger Adler von seiner Leber. Der Schmerz war grenzenlos, denn jede Nacht, wenn Prometheus der grausamen Kälte ausgesetzt ist, wächst seine Leber und wird wieder ganz.

André Gide hat aus diesem Mythos eine Sotie, eine ursprünglich parodistisch-satirische Form eines Narrenspiels mit dem Titel „Der schlecht gefesselte Prometheus" gemacht und diese Geschichte eine Garbe tollen Unkrauts apostrophiert (cette gerbe de folle ivraie).

Dieses kleine Büchlein hat mich seit vielen Jahren immer wieder fasziniert, ohne daß – so muß ich gestehen – ich so recht verstand warum. So ist es mir bei der Vorbereitung zu diesem Artikel wieder in die Hände gefallen und ich meine, daß Gide darin in brillanter Form nicht nur das Schicksal von Prometheus durchleuchtet, sondern uns einen Beitrag zu dem Phänomen liefert, über das ich mir hier Gedanken zu machen versuche.

Ich kann nicht auf alle Einzelheiten des Buches eingehen und möchte hier nur das zentrale Thema seiner Ausführungen nachzeichnen. Es wird von Prometheus in einer öffentlichen Rede selber vorgetragen, bei der er übrigens dauernd Angst hat, seine Zuhörer könnten sich langweilen und ihn verlassen. So benutzt er während des Vortrages Feuerwerkskörper, obszöne Photographien, die Pirouetten seines Adlers und dessen Speisung an seiner eigenen Leber, um die Leute bei Laune zu halten. Es ist in der Tat so, daß wir diese Botschaft nicht hören wollen.

Quintessenz: Der erste Punkt der Rede von Prometheus ist: „Man muß einen Adler haben" und der zweite: „Übrigens haben wir alle einen".

Er berichtet, daß seit dem Augenblick, seit dem er dem Mensch und sich das Feuer gebracht hat – was er mit dem Bewußtsein und dem Sinn des Lebens gleichsetzt – er begonnen hat, einen Adler zu haben und er mit diesem Tag erfahren mußte, daß er nackt ist. Die Menschen ebenfalls seien durch das Feuer ihrer bewußt geworden, zu Beginn vor allem ihrer Schönheit wie ihres Geschlechtes und hätten sich fortgepflanzt. Auch der Glaube an den Fotschritt gehört zu dem Adler, wie überhaupt auch die Menschlichkeit.

Zum anderen vollzieht sich eine zweite Bewegung, die darin besteht, daß er seit Beginn der Geschichte seinen Adler erstmals wirklich kennt, ihn liebt und ihn schön findet. Durch diese neue Erkenntnis aber ist er zu einer Persönlichkeit geworden. Es ist auch diese Hingabe an den Adler, wir würden eher sagen die Annahme und Akzeptanz des Adlers, die ihm die Möglichkeit gibt, nicht mehr im Kaukasus angekettet zu sein. Damit wird das Ende eingeführt. Prometheus verspeist einen Adler und schafft damit seine Einverleibung und Verinnerlichung, die eine Lösung bringen.

Das sogenannte überwertige Objekt ist hier eindeutig der Adler. Er ist die Strafe, das Symbol für die Überschreitung des Verbotes und für die Loslösung von der Ureinheit, dem Abfall von dem Einen. Er ist aber auch das Schicksal, das eine Bürde bringt und mit einer Urschuld des Menschen verbunden ist. Er ist letztlich auch ein Phallus sowie dieses Teil der Menschen, welches ihm Individualität und seine besondere Eigenart verleiht.

Man kann sich ihm zuwenden oder sich von ihm abwenden, seine Existenz leugnen oder annehmen, existent ist der Adler in jedem Fall. Und wie Gide schreibt: „Das Geheimnis des Lebens besteht in der Annahme dieser Schuld, dieses Adlers, sie macht Persönlichkeit."

Ist es nicht Nietzsche (1873, 144 f) der Ähnliches meint, wenn er schreibt: „Durch eure Schuld, merke ich, weilt ihr in dieser Existenz."

Ich möchte und kann nicht mehr ausformulieren, was zu sagen wäre, um diesen spekulativen Ausführungen einen Zusammenhalt zu geben, von dem mehr Überzeugungskraft ausgeht. Hingegen möchte ich diese Gedanken Ihrer Kritik und Ihrem Wohlwollen überlassen. Ob sie verdienen weitergedacht zu werden, wird sich herausstellen.

Literatur

Bettelheim, B. (1967): Die Geburt des Selbst. – Frankfurt/M.: S. Fischer 1983.

Brazelton, T. B. (1982): Le bébé: partenaire dans l'interaction. – In: La dynamique du nourrisson. – Paris: Les editions ESF 1982.

Brazelton, T. B., Koslowski, B. and *Main, M.* (1974): The origins of reciprocity: The early mother-infant interaction. – In: M. Lewis and L. Rosenblum (ed.): The effect of the infant on its caregiver. – New York: J. Wiley 1974.

Calvino, I. (1986): Der Name, die Nase. – In: Unter der Jaguar- Sonne. – München: Hanser 1987.

Freud, S. (1925): Die Verneinung. – Ges. Werke Bd. XIV. – Frankfurt/M.: S. Fischer 1948.

Gide, A. (1899): Prométhée mal enchaîné. – Paris: Gallimard 1925.

Goethe, J. W. v. (1809): Die Wahlverwandtschaften. – Hamburg: Wegner 1951.

Gogol, N. (1836): Die Nase. – München: Winkler 1961.

Green, A. (1986): Le travail negatif. – In: Revue Francaise de Psychoanalyse 1, 489–493.

Nietsche, F. (1873): Die Philosophie im tragischen Zeitalter der Griechen. – Klassiker-Ausgabe Bd. 1. – Leipzig: Kröner 1922.

Pirandello, L. (1926): Einer, keiner, Hunderttausend. – Frankfurt/M.: Suhrkamp 1977.

Ranke-Graves, v. R. (1955): Griechische Mythologie. – Quellen und Deutung 2. – Reinbek b. Hamburg: Rowohlt 1960.

Sterne, L. (1759–1767): Das Leben und die Meinungen des Tristam Shandy. – München: Winkler 1963.

Stoller, R. J. (1975): Perversion. Die erotische Form von Haß. – Reinbek b. Hamburg: Rowohlt 1979.

Stork, J. (1986 a): Die Ergebnisse der Verhaltensforschung im psychoanalytischen Verständnis. – In: J. Stork (Hrsg.): Zur Psychologie und Psychopathologie des Säuglings. – Stuttgart–Bad Cannstatt: frommann-holzboog.

Stork, J. (1986 b): Der Vater – Störenfried oder Befreier? – In: J. Stork (Hrsg.): Das Vaterbild in Kontinuität und Wandlung. – Stuttgart–Bad Cannstatt: frommann-holzboog.

Stork, J. (1986 c): Die Mutter ist das Gegebene, der Vater wird. – Anmerkungen zu Märchen und Mythen. – In: J. Stork (Hrsg.): Das Vaterbild in Kontinuität und Wandlung. – Stuttgart-Bad Cannstatt: frommann-holzboog.

Stork, J. (1987): Bilder und Urbilder der ödipalen Idee. – In: J. Stork (Hrsg.): Über die Ursprünge des Ödipuskomplexes. – Stuttgart–Bad Cannstatt: frommann-holzboog.

Tustin, F. (1981): Autistic states in Children. – London: Routledge u. Kegan Paul.

Winnicott, D. W. (1956 a): Primäre Mütterlichkeit. – In: Von der Kinderheilkunde zur Psychoanalyse. – Frankfurt/M.: S. Fischer 1983.

Winnicott, D. W. (1956 b): Antisoziale Tendenzen. – In: Von der Kinderheilkunde zur Psychoanalyse. – Frankfurt/M.: S. Fischer 1983.
Winnicott, D. W. (1960 a): Die Theorie von der Beziehung zwischen Mutter und Kind. – In: Reifungsprozesse und fördernde Umwelt. – Frankfurt/M.: S. Fischer 1983.
Winnicott, D. W. (1960 b): Ich-Verzerrung in Form des Wahren und des Falschen Selbst. – In: Reifungsprozesse und fördernde Umwelt. – Frankfurt/M.: S. Fischer 1983.

Das geschlechtliche Schicksal des Menschen

Colette Chiland (Paris)

„Männlich oder weiblich ist die erste Unterscheidung, die Sie machen, wenn Sie mit einem anderen menschlichen Wesen zusammentreffen, und Sie sind gewöhnt, diese Unterscheidung mit unbedenklicher Sicherheit zu machen.“.

Dennoch zeigt uns die Wissenschaft, daß die Bisexualität alle menschlichen Wesen charakterisiert, „als ob das Individuum nicht Mann oder Weib wäre, sondern jedesmal beides, nur von dem einen so viel mehr als von dem andern.“ (Freud 1933, 120f)

Unsere Absicht ist es hier, das *geschlechtliche Schicksal* des Menschen zu untersuchen. Das Wort *geschlechtlich* soll die Tatsache bezeichnen, daß man ein männliches oder ein weibliches Wesen ist, also das, was man *Geschlechtlichkeit* nennen könnte. Das Wort *sexuell* soll auf die *Sexualität* verweisen, die Erotik, ob es sich nun um Autoerotik oder Beziehungen zwischen den Geschlechtern handelt. Man kann auf sexuelle Beziehungen verzichten, aber man kann nicht auf eine geschlechtliche Identität verzichten, wie schon das Personenstandsregister zeigt. Das Schicksal des Menschen ist unweigerlich ein geschlechtliches. Das Faszinierendste am Geschlecht, der sexuelle Akt (vgl. *Nouvelle Revue de Psychanalyse*, Nr. 29) nimmt darin nur eine sehr begrenzte Zeitspanne ein, doch der Mensch ist in jedem Augenblick seines Lebens ein Mann oder eine Frau oder, ein atypisches Schicksal, ein Intersexueller oder Transsexueller.

Wir haben uns entschieden, da, wo man traditionell von *sexueller Identität* oder, seit Stoller und einigen anderen, von *Gattungsidentität* sprach, *geschlechtliche Identität* zu sagen. Um überall da, wo es notwendig ist, von *Gattung* zu sprechen, muß man die französische Sprache vergewaltigen; im Englischen und Amerikanischen hat *sex* Nebenbedeutungen, die sich teilweise von denen von *sexe* im Französischen unterscheiden; außerdem ist uns die Möglichkeit der englischen oder deutschen Sprache verwehrt, mühelos zusammengesetzte Begriffe zu bilden: *gender-identity; gender-role, cross-gender-dressing* ... Statt eine gequälte Mischung aus Englisch und Französisch zu verwenden, wollen wir versuchen, eine französische Terminologie zu finden, die unsere theoretischen Optionen berücksichtigt. Diese Freiheit können wir uns allerdings nicht nehmen, wenn wir Stoller übersetzen.

Man spricht unterschiedlos von *menschlicher Gattung* oder *menschlicher Spezies*. Die menschliche Art ist nicht in zwei Gattungen unterteilt, sondern in zwei Geschlechter. Diese Unterteilung in männlich und weiblich ist *grammatikalisch;* die Sprachen jedoch, die diesen Unterschied machen, sind weit weniger zahlreich als jene, die ihn nicht oder anders machen oder zahlreiche Unterscheidungen treffen, von denen die mit dem Geschlecht verbundene nur eine ist. Ein grammatikalischer Genusunterschied bedeutet Beugungen, Angleichungsregeln etc. je nach dem Geschlecht. In dieser Hinsicht „sexualisiert" die französische Sprache mehr als die englische (die verflixten Franzosen, die überall Sex ins Spiel bringen; warum muß man „une chaise" oder „un fauteuil" sagen, wo es doch so einfach ist, ganz neutral von *a chair* oder *an armchair* zu sprechen; aber wir haben eben kein Neutrum). Die indo-europäischen Sprachen haben sämtlich Genera, häufiger drei als zwei. Interessanterweise wird im Englischen, das ein Neutrum hat, das Baby (frz.: le bébé) mit dem Neutrum bezeichnet, während die Katze (frz.: le chat), *cat*, oder das Schiff (frz.: le bateau), *ship*, als weiblich gelten. Die deutsche Sprache ist noch komplexer; sie sagt *das Baby, das Kind,* aber männlich *der Säugling; die Katze* ist weiblich, und für *le bateau* gibt es drei Genera: *das Boot, das Schiff, der Kahn, die Zille*. Wir wollen diese Überlegungen nicht fortsetzen, sondern nur anmerken, daß es für die in jeder Sprache getroffenen Entscheidungen komplexe Gründe gibt, in die auch die Geschichte, die gesamte Kultur und die symbolischen Bedeutungen eingehen. Wir dürfen daher nicht in eine zu vereinfachende Deutung des grammatikalischen Geschlechts verfallen.

Halten wir also nur fest, daß Identität teilweise darin besteht, eine bestimmte *Stellung im Reich der Wortwahl* einzunehmen; wir werden noch sehen, daß für manche Menschen die Stellung, die sie in diesem Reich der Wortwahl einnehmen, wesentlicher ist als die Sexualorgane oder die sexuellen Beziehungen.

In den Sprachen, *die keinen Genus haben* (etwa das Chinesische, das von mehr als einer Milliarde Menschen gesprochen wird), gibt es trotzdem eine *Unterscheidung der sozialen Rollen aufgrund der Geschlechter.* Die Ausdrucksweise ist nur eines der symbolischen Systeme, in denen der Platz, der uns zugewiesen wird, von unserer geschlechtlichen Identität abhängt; ob wir diesen Platz und diese Rollen, die unsere Kultur uns aufgrund unserer geschlechtlichen Einteilung zuweist, akzeptieren oder nicht, unsere Auflehnung oder unser reformatorisches oder revolutionäres Handeln, wie man es auch nennen mag, gestaltet sich immer auf der Grundlage dieser kulturell vorgegebenen Schemata.

Wir haben dieser Arbeit ein Zitat von Freud vorangestellt, und wir werden Veranlassung haben, alle darin enthaltenen Begriffe zu verwerfen. Eine etwas eigenartige Huldigung! Trotzdem handelt es sich um eine Huldigung, denn Freud hat ein neues Untersuchungsfeld eröffnet; von ihm aus kann man voranschreiten und zeigen, daß wie im Falle der euklidischen Geometrie das, was er dort geschrieben hat, dem durchschnittlichen Fall, nicht aber der Gesamtheit aller Fälle entspricht: bei der Geburt ist man des „Geschlechts" des Babys nicht immer sicher, auf der Straße ist man nicht immer sicher, ob man es mit einem Mann oder einer Frau zu tun hat – eine Folge der Unisex-Mode, aber auch des Transsexualismus. (Es war eine interessante Erfahrung, an einem Tisch zu sitzen, an dem alle bis auf mich – soweit ich weiß – „neubestimmte" Männer und Frauen waren). Zumindest muß der Begriff der Bisexualität neu überdacht werden.

Dabei werden wir zunächst versuchen, *Bisexualität, Hermaphroditismus* und *Intersexualität* zu bestimmen.

Danach werden wir im Licht der neuen Kenntnisse, die wir über die Entwicklung der Babys und ihre frühen Fähigkeiten haben und im Licht der Intersexualität und des Transsexualismus die *Anfänge der geschlechtlichen Identität* untersuchen.

Freud drückt sich im Hinblick auf die Bisexualität manchmal so aus, als ob es weder Männer noch Frauen, sondern nur zweigeschlechtliche Menschen gäbe. *Der Mensch ist aber eine Abstraktion;* es gibt nur Männer oder Frauen; jeder Mensch ist entweder Mann oder Frau. Das *Dazwischen* ist kein wunderbares drittes Geschlecht, sondern ein pathologischer Zustand, eine schwierige Lebensbedingung.

Jeder weiß, daß Schnecken *Hermaphroditen* sind. Weniger bekannt ist, daß manche Arten (Fische, Krustentiere) zuerst männlich und später weiblich sind oder umgekehrt – ohne deswegen das Schicksal des Teiresias zu erleiden; oder aber nur die Weibchen können Männchen werden, während das umgekehrt nicht möglich ist; oder die Geschlechtsumwandlung erfolgt aufgrund von Milieufaktoren (Langaney, 1976, 36 f.). Beim tierischen Hermaphroditismus ist Fruchtbarkeit möglich (aber keine Selbstbefruchtung).

Beim Menschen unterscheiden manche Autoren zwischen echtem *Hermaphroditismus* und *Pseudohermaphroditismus,* eine Unterscheidung, die Money und Ehrhardt (1972) ablehnen. Es existiert nichts dem tierischen Hermaphroditismus Vergleichbares. *Intersexualität* oder Hermaphroditismus sind für Money und Ehrhardt austauschbare Begriffe; der Gegensatz zwischen echtem Hermaphroditismus und Pseudohermaphroditismus setze „die irrige Annahme voraus, daß nur die Gonaden die Wahrheit enthüllen. So ist ein echter Hermaphrodit als ein Mensch definiert worden, der gleichzeitig ovariales und testikuläres Gewebe besitzt, entweder getrennt oder in Form eines Ovotestis, während der Pseudohermaphrodit als jemand definiert wurde, der nur ovariales oder testikuläres Gewebe hat, wobei beide Arten auch eine Zweideutigkeit der inneren und/oder äußeren Fortpflanzungsstrukturen aufweisen. In diesem Schema war kein Platz für den Hermaphroditen mit unvollständig als entweder weiblich oder männlich differenziertem gonadischem Gewebe. In der Umgangssprache ist ein männlicher oder weiblicher Hermaphrodit dasselbe wie ein männlicher oder weiblicher Pseudohermaphrodit, wobei der kürzere Begriff vorzuziehen ist. Ein Hermaphrodit mit rudimentären oder undifferenzierten Ovarien oder Testikeln wird als gonadisch mißgebildet bezeichnet" (5 f.).

Aus all dem geht hervor, daß der menschliche Hermaphroditismus keine Vervollkommnung ist, keine Möglichkeit, den Unterschied der Geschlechter zu transzendieren, sondern ein schwieriger Zustand, der eine Wahl nötig macht, die im Hinblick auf den Status als Mann oder als Frau Einschränkungen mit sich bringt.

In manchen Kulturen gibt es eine *göttliche Darstellung des Hermaphroditismus*. Doch im Pantheon der Götter in Griechenland ist *Hermaphrodit* eine mindere Gestalt wie in Indien *Ardanishvara* (bei dem eine pfeilförmige Medianlinie eine männliche und eine weibliche Hälfte trennt gemäß dem Schema des Hermaphroditismus *verus lateralis*).

Die Kulturen, die bei beiden Geschlechtern das auszumerzen suchen, was an das jeweils andere erinnern könnte, sind zahlreicher als die, die einen gewissen Hermaphroditismus kultivieren. Einen Widerhall der letzteren findet man in den „Symbolischen Wunden" Bettelheims; manche Männer setzen ihren Neid auf die Frau durch eine Subinzision des Penis in die Tat um, die sie regelmäßig nach Art der Monatsblutung wiederholen. Im allgemeinen werden die Männer eher dazu aufgefordert, jede Spur von Weiblichkeit in sich zu beseitigen, und die Frauen sollen umgekehrt jede Spur von Männlichkeit auslöschen. Die Klitorisbeschneidung ist eine der Hauptformen dieser Tendenz, Freuds Theorie, die aus der Klitoris ein männliches Organ macht, eine minder wichtige Form; er brandmarkt die klitorale Lust als maskulin; diese Lust muß der vaginalen Lust weichen; er duldet sie höchstens als „Kienholz" (1905, 122); die eifrigen Epigonen sollten sich besser darum bemühen, jede klitorale Lust zu unterdrücken.

Die Fälle, in denen es angesichts einer „Intersexualität mit mehrdeutigem Geschlecht" zu *Etikettier*fehlern kam, sind, wie wir sehen werden, höchst lehrreich. Dieses Experimentieren mit der Natur dürfte bei den modernen Untersuchungsmethoden (Barr-Text, Karyotypus, Laparatomie) nicht mehr vorkommen, was aber nicht der Entscheidung über die Geschlechtszuordnung enthebt; diese muß allerdings sachkundig getroffen werden: welche Wahl ist am besten, um dem Betroffenen, dessen Organe unvollständig ausgebildet sind, Leid zu ersparen? Angesichts der chirurgischen Schwierigkeiten, einen glaubwürdigen Penis zu schaffen, wird manchmal die Ansicht vertreten, man solle in diesem Fall die Knaben bei der Geburt zu Mädchen erklären und als solche erziehen (vgl. Hampson et al., 1956; Money et al., 1955; Stoller, im Druck).

Die *Bisexualität*, von der Freud spricht, würde quasi jeden von uns zum Hermaphroditen machen.

Vom Ende der neunziger Jahre an war Freud zusammen mit Fließ von der Bisexualität aller menschlichen Wesen überzeugt, was ihn schreiben ließ: „Ich gewöhne mich daran, jeden geschlechtlichen Akt als ein Ereignis zwischen vier Individuen zu betrachten" (Brief an Fließ, 113, 1. August 1899). Diese Bisexualität stellte er sich anfänglich als embryologisch und anatomisch vor, ehe er sie als identifikatorisch auffaßte (wenn die Bisexualität identifikatorisch ist, ist es ziemlich voll im Schlafzimmer, denn den weiblichen und den männlichen Teil eines jeden von uns verdanken wir unseren mütterlichen und väterlichen Imagines – und all unseren anderen Identifikationsobjekten –; und da die Imagines unserer Eltern beim Aufbau von deren Persönlichkeit, also auch bei der Bildung unserer Imagines, eine Rolle gespielt haben, sind die vier Großeltern ebenfalls anwesend; doch das sind nur Imagines, phantasmatische Geschöpfe, und keine Wesen aus Fleisch und Blut).

Was die embryologische und anatomische Seite betrifft, so sind die Gänge von Wolff und Müller bei den Embryonen beiderlei Geschlechts vorhanden; sie hinterlassen Überreste, Wolffsche bei der Frau, Müllersche beim Mann. Muß man aus der Tatsache, daß die Klitoris aus derselben embryonalen Anlage entsteht wie der Penis, den Schluß ziehen, daß sie ein fehlgebildeter Penis, ein maskulines Organ ist? Seltsam für ein Gebilde, das ein integraler Bestandteil der weiblichen Sexualorgane ist?

Würde man heute, wenn man über die Geschlechtsbildung nachdenkt, den embryonalen Gegebenheiten den Vorrang geben, so könnte das dazu führen, daß man wie Mary Jane Sherfey (1966) sagte, das weibliche Geschlecht sei das erste, denn wenn die androgenen Hormone im Laufe der siebenten Woche nicht in ausreichendem Maße auftreten, entwickelt sich der Embryo trotz der XY-Chromosomenformel zum Mädchen. Ob man den Embryo der ersten sechs Wochen als *undifferenziert* oder als *weiblich* bezeichnet, ist eine *ideologische* Entscheidung.

Es handelt sich nicht darum, Sherfey gegen Freud auszuspielen oder umgekehrt. *Ihr gemeinsamer Irrtum besteht darin, daß sie nicht zwi-*

schen biologischer und psychologischer Ebene unterscheiden. Interessanterweise blieb Freud, als er eine neue *psychologische* Untersuchungsart entdeckte, eine neue Psychologie, *die das Unbewußte einschloß*, gleichzeitig auf vielfache Art dem *gewachsenen Fels der Biologischen* verhaftet: es gelingt ihm nicht, das biologische und das soziale Erbe (vgl. seine Theorie von der Vererbung erworbener Eigenschaften 1939, 207), die wissenschaftlichen Kenntnisse und die imaginären Vorstellungen über die Genitalorgane voneinander zu trennen. So entstammen seine erstaunlichen und anfechtbaren Positionen in bezug auf die Frau gleichzeitig seiner in erster Linie biologischen Konzeption der Bisexualität und seiner Einstellung als Mann, für den die Identifikation mit einer Frau den schreckenerregenden Verlust des Penis mit sich bringt (vgl. Chiland 1979, 1980).

Und schließlich hat Freud *mehr über die Sexualität gesprochen als über die Geschlechtsbildung*, mehr über das Sexualleben als über den Aufbau der geschlechtlichen Identität. Wenn er schreiben konnte, das kleine Mädchen sei bis zur Pubertät ein kleiner Junge, so allein unter Bezugnahme auf ihre infantile autoerotische Sexualität, indem er sie auf die klitorale Masturbation beschränkte und diese als maskulin ansah, weil es sich um die Masturbation eines unausgebildeten Penis handelte. Das kleine Mädchen ist aber kein kleiner Junge. Und die Unterscheidung zwischen Mädchen und Jungen erfolgt auch nicht zugunsten des Ödipuskomplexes, sondern viel früher: der „Kern der geschlechtlichen Identität", um die Formulierung Stollers aufzunehmen, wird zwischen 18 Monaten und zwei Jahren erworben, wie manche sagen, auf jeden Fall aber vor dem Alter von vier Jahren. Wir werden auf die Argumente zurückkommen, die diese Behauptung stützen.

Die These, die man heute vertreten muß, lautet, daß es keine asexuelle Individuation und keine *sekundäre* Bewußtwerdung der geschlechtlichen Identität gibt, sondern daß die *Individuation von Anfang an geschlechtlich ist.* Die Rolle der Identifizierungen bei dieser geschlechtlichen Individuation werden wir zu untersuchen haben.

Alles beginnt bei der Geburt, in gewisser Weise sogar vor der Geburt, denn die Psyche der Eltern spielt beim Aufbau der Psyche des Kindes eine Rolle.

Natürlich liegt vor der Geburt der ganze Bereich des Biologischen, doch wir wollen ja hier über das Psychologische in seinen historischen Aspekten (und nicht in seinem biologischen Fundamenten) sprechen.

Vor der Geburt sind da die Persönlichkeit der Eltern, die Wahl des Liebespartners, die Entscheidung (oder die Unachtsamkeit), die zur Geburt des Kindes führt, und die Phantasien der Eltern über das Geschlecht des Kindes während der Schwangerschaft mit der noch genauer zu untersuchenden Rolle dessen, was Michel Soulé als willentliche Unterbrechung der Phantasien bezeichnet, wenn die Eltern vor der Geburt vom Geschlecht des Kindes erfahren. Von Geburt an wird dem Kind ein Geschlecht zugeordnet; ob diese Zuordnung im Hinblick auf das, was man nicht sieht (Chromosomen, Gonaden, innere Genitalorgane) richtig ist oder nicht, sie wird vorgenommen; die Anmeldung beim Standesamt muß kurz nach der Geburt erfolgen.

Ein Elternteil oder beide Eltern sind mit dem Geschlecht des Kindes zufrieden oder auch nicht. Sie können offen aussprechen, daß ihnen das Geschlecht des Kindes nicht recht ist, sie können es aber auch denken und nicht sagen; sie können ihre Unzufriedenheit verdrängt haben. Die Frage, die uns hier interessiert, ist, ob all das bewußt oder unbewußt dem Kind mitgeteilt wird, das es wahrnimmt und nicht direkt registriert, sondern in seinem eigenen Phantasieleben erneut ausarbeitet.

Wir haben heute von dem, was das Neugeborene erlebt, eine andere Vorstellung als Freud oder Margaret Mahler, Piaget oder Wallon. Ich zitiere die beiden letzten Autoren wegen ihrer Nachahmungstheorie, die der frühen Nachahmung keinen Raum ließ; beide haben René Zazzo, der vor vierzig Jahren die frühe Nachahmung entdeckt hatte, als er seinen Sohn während des ersten Lebensmonats beobachtete, persönlich gesagt, es handele sich dabei nur um eine Illusion des Vaters. Die beiden erstgenannten Autoren zitiere ich wegen der Metapher Freuds (1911, 232), auf die Margaret Mahler sich stützt: das Neugeborene sei wie der Vogel in seinem Ei vor Außenreizen verschlossen; daher die Periode des *normalen Autismus,* die das Neugeborene Mahler zufolge durchläuft (1968, Erstes Kapitel).

Wie ich glaube, ist man sich heute allgemein darüber einig, daß man das Baby in seinem ersten Lebensmonat unmöglich als autistisch betrachten kann. Ich werde mich jedoch auf noch gefährlicheres Terrain vorwagen, indem ich sage, daß man das Wort mißbraucht, wenn man von *normaler Symbiose* spricht. Natürlich kann man den Begriff in einem vagen und bildlichen Sinn für „enge Verbindung" verwenden. Dies aber gilt für die ganze Kindheit; das Erreichen der wirtschaftlichen Autonomie dauert in unseren Gesellschaften lange, von der psychischen Autonomie ganz zu schweigen! Strenggenommen kann bei einer Symbiose, obwohl es sich um zwei getrennte Wesen handelt, das eine nicht ohne das andere leben. Es stimmt zwar, daß *der Säugling nicht ohne Fürsorge leben kann,* die von einem Erwachsenen kommt, die sogenannte mütterliche Fürsorge, denn die *Mutter* ist biologisch am besten darauf vorbereitet. Denn nur *eine Mutter* konnte in einer Gesellschaft ohne Viehzucht die notwendige Milch liefern, zumindest mußte es *eine Frau* sein, da, wie Margaret Mahler bezeugt, es einer Frau ohne Mutterschaft gelang, ihre Milchbildung anzuregen, indem sie ein verwaistes Baby an ihrer Brust saugen ließ; wir sprechen heute von elterlicher Fürsorge, weil mit der Flasche und der industriellen Milchnahrung auch der Vater (und schließlich irgendwer, sogar ein älteres Kind) ein Baby ernähren kann. Umgekehrt aber gilt das nicht: *normalerweise muß die Mutter ohne ihr Kind leben können.* Natürlich empfindet sie es als sehr schmerzlich, wenn sie von ihm getrennt wird (Frühgeburt, Krankheit, die eine Hospitalisierung erfordert, Tod). Es ist sogar notwendig, daß sie ohne das Kind leben kann, damit sie ihm die angemessene Fürsorge zuteil werden läßt und von ihm nicht die Befriedigung ihrer vitalen Bedürfnisse erwartet (affektiver Bedürfnisse natürlich, denn der Säugling kann die Nahrungsbedürfnisse seiner Mutter nicht erfüllen, es sei denn, sie ist Kannibalin). Wenn das Kind der Mutter ebenso lebensnotwendig ist wie sie ihm, haben wir es tatsächlich mit einer Symbiosesituation zu tun, doch man sieht sofort, daß sie *pathologisch* ist und zur Psychose führt („Psychose infolge Symbiosebedürfnisses der Mutter" – oder manchmal des Vaters – wäre eine korrektere Bezeichnung als „symbiotische Psychose", falls man nicht mit symbiotischer Psychose einfach „nicht-autistische Psychose" sagen will).

Ebenso wie mit der Symbiose verfahren wir mit dem Begriff *Verschmelzung,* weil *eine normale Mutter nicht das Gefühl für ihre Körper-*

grenzen verliert. Winnicotts Ausdruck (und er spricht als Mann, der nicht wie Freud vor der Frau erschrickt, sondern von der Mutter-Frau fasziniert ist) muß man poetisch und metaphorisch verstehen: Der Säugling saugt an einer Brust, die ein Teil seiner selbst ist; Winnicott verweist auf die Illusion des Säuglings, die Brust zu erschaffen, wenn sie zur rechten Zeit kommt, und auf die Lust der Mutter an der körperlichen Intimität mit ihrem Baby. Winnicott sagte auch: „Es gibt keinen Säugling" („there ist not such a thing as an infant"), weil man noch nie einen Säugling ohne die Arme sah, die ihn trugen, oder eine Wiege (oder ein Kinderbett), worin er ruhte. Winnicott meinte auch, das Neugeborene oder der Säugling sei nur aus der Sicht des Beobachters ein Individuum, *nicht aber für sich selbst.*

Besser als die Begriffe Symbiose oder Verschmelzung beschreibt *Übereinstimmung* (*attunement,* Daniel Stern) das, was hier vorgeht.

Wann beginnt nun die Individuation, wenn wir auf Mahlers Begriff des *hatching,* des psychologischen Schlüpfens aus dem autistischen Ei, verzichten? Es gibt da eine Kontinuität mit Diskontinuitäten, fruchtbaren Momenten. Es ist nicht leicht, sich all das richtig vorzustellen. Das Kind außerhalb des Uterus, außerhalb des *parasitären Zustandes,* ist ein Individuum, es kann fühlen und handeln (Saugen, Nachahmung etc.) wie ein Individuum, aber es kann sich noch nicht selbst *als Individuum repräsentieren.* Der gleiche Unterschied besteht zwischen Freud (und anderen) und Melanie Klein: das Objekt ist von Geburt an gegeben (Klein 1932), wenn es sich um das *besetzte* und sehr bald *wahrgenommene* Objekt handelt (der Geruch der Mutter wird am sechsten Tag erkannt, ihre Stimme und ihr Gesicht im ersten Monat); insgesamt und in seiner unabhängigen Existenz aber wird es erst später repräsentiert. (In dem Text, in dem Freud über das spricht, was sich im Augenblick der Entwöhnung abspielt, die als Verlust der Brust, des Zugangs zur Mutter als erotisches und anaklitisches Objekt aufgefaßt wird, steht aufgrund eines bedauerlichen Übersetzungsfehlers von Blanche Reveron-Jouve in der einzigen französischen Übersetzung der *Drei Abhandlungen zur Sexualtheorie,* über die wir gegenwärtig verfügen, „Wahrnehmung" (perception) der Mutter, wo Freud „Gesamtvorstellung" geschrieben hatte (1905, 123).

Bei dem Vorgang, den man seit Mahler als Individuationsprozeß bezeichnet, errichtet das Kind also nach und nach die Repräsentanz seiner Grenzen. Bezüglich der Trennung handelt es sich bei dem, was Mahler beschreibt, um beobachtete Verhaltensweisen; man kann daraus folgern, daß das Kind allmählich lernt, daß es seine *Herrschaft* über seine Mutter und ihre *Liebe* nicht verliert, sobald es sich von ihr entfernt und keine Blickkontrolle mehr über die Reaktionen der Mutter hat, die ihre Gefühle übersetzen (verraten). Wenn wir kleine Kinder beobachten, sind wir erstaunt über die Tyrannei, die sie mühelos über ihre Eltern ausüben: sich von ihnen geliebt zu fühlen bedeutet, das von ihnen zu erhalten, was man haben will; die ganze Kunst der Elternschaft besteht darin, *die Beziehung so zu gestalten, daß das Kind die Möglichkeit hat, sich geliebt zu fühlen.* Das ist von grundlegender Bedeutung, denn das Gefühl, von den Eltern geliebt zu werden, ist das Fundament des Narzißmus im Sinne von Fähigkeit zu Selbstliebe und Selbstwertgefühl.

Was die *Identifizierung* angeht, so ist sie ein häufig verwendetes und trotzdem zweideutiges Konzept (Chiland, 1986); sie bezeichnet gleichzeitig das, was man als Einzigartigkeit einer Person erkennt (das Kind identifiziert seine Mutter), und das, wodurch man sich dem anderen angleicht (mittels Introjektion oder Projektion). Häufig wird vergessen, daß für Freud die primäre Identifizierung die mit dem Vater und nur durch eine Korrektur die mit den noch nicht durch das Fehlen des Penis unterschiedenen Eltern war und daß die Identifizierung in vielen Fällen ein unbewußter Prozeß ist. Besonders gut gefällt uns die Formulierung von Edith Jacobson (1954) über die Identifizierung, die von *oneness* zu *sameness* und dann zu *likeness* und schließlich *closeness* führt: das Englische ermöglicht hier etwas, das wir im Französischen nicht wiedergeben können; leider glauben wir aufgrund des Vorangegangenen nicht, daß diese Formulierung zutreffend ist.

All diese Vorbemerkungen waren notwendig, um die Frage richtig stellen zu können, auf welchem Wege das Baby erfahren hat, ob es ein Junge oder ein Mädchen ist. Robert Stoller sieht drei Quellen für die Bildung des *Kerns der Geschlechtsidentität:* 1. Anatomie und Physiologie der Geschlechtsorgane; 2. Haltung der Eltern, Geschwister und Altersgenossen; 3. eine biologische Kraft, die die Einwirkung der Umwelt mehr oder weniger verändern kann (vgl. Stoller, 1968, Kapitel 5). Diese biologische Kraft kann er nicht genauer bezeichnen denn als „Energie biologischen Ursprungs wie das Drüsensystem oder das zentrale Nervensystem“ (a.a.O., Kapitel 7). Im Normalfall läuft bei den allermeisten von uns alles in die gleiche Richtung: die Chromosomen, die Gonaden, die inneren Geschlechtsorgane, die äußeren Geschlechtsorgane, das zugewiesene Geschlecht. Zwei Sonderfälle aber sind sehr interessant. Der erste sind die Intersexuellen, die sich größtenteils dem Geschlecht zugehörig fühlen, in dem sie von ihren Eltern erzogen wurden, wenn diese keinen Zweifel an dem dem Kind zugewiesenen Geschlecht hatten (in manchen Fällen „überhöhen“ sie ihre Männlichkeit sogar noch, zweifellos, um morphologische Unzulänglichkeiten ihrer Genitalorgane zu kompensieren). In ihrem Artikel *Imprinting and the Establishment of Gender Role* führen Money und die Hampsons aus, daß nur fünf von 105 Patienten in Rolle und Orientierung das zugewiesene Geschlecht, in dem sie erzogen worden waren, anzweifelten oder von ihm abwichen (1957, 333). Bei einigen jedoch ist die biologische Kraft von Geburt an am Werk und manifestiert sich trotz allem, was Eltern und Umgebung tun (vgl. Stoller, 1968, Kapitel 7, Beobachtung Nr. 1; siehe auch die Geschichte von Herculina Barbin, genannt Alexina B., die Michel Foucault vorlegte). Der zweite Sonderfall betrifft die Transsexuellen, die ohne irgendeine bisher erkennbare biologische Anomalie wissen, daß sie den Körper und die Genitalorgane eines Geschlechts haben, sich seelisch aber dem anderen Geschlecht zugehörig fühlen. Aus der Sicht des transsexuellen Mannes, der zur Frau tendiert, was bekanntlich häufiger ist als die transsexuelle Frau, die zum Mann tendiert (Geschlechterverhältnis je nach Autor häufig 4 : 1 wie bei Stotterern und Autisten – warum wohl?), lautet die typische Formel: „Ich habe die Seele einer Frau, eingesperrt in den Körper eines Mannes.“ Das soll heißen: „Ich bin eine Frau“, denn der Transsexuelle fühlt sich wie jeder Mensch mehr durch seine Seele definiert als durch seinen Körper.

Das Buch von H. Roiphe und E. Galenson, *La naissance de l'identité sexuelle* (1981), war für uns enttäuschend, nicht etwa wegen seiner Qualität, sondern deshalb, weil es vor allem die Entdeckung der erogenen Zonen und der Sexualorgane behandelt. Nun zeigen aber die beiden oben angeführten Sonderfälle, daß die Sexualorgane nur eine verstärkende Rolle für eine Identität spielen, die sich auf andere Weise bildet: auch ohne Penis oder mit einem dürftigen chirurgischen Ersatz kann sich ein Intersexueller voll und ganz männlich fühlen; dem Transsexuellen graut vor seinen männlichen Genitalien, „diesem Stück Fleisch, das zwischen seinen Beinen hängt“; für ihn liegt das Gefühl seiner Vollständigkeit anderswo, in einer Vagina oder überhaupt nicht im anatomischen Bereich; am allerwichtigsten ist, daß man ihn als weibliches Wesen anspricht, ihn „Mademoiselle“ oder „Madame“ nennt; seine Stellung im Reich der Wortwahl bedeutet ihm mehr als alles andere, und im symbolischen Geflecht der Rollenverteilung macht er sich die klischeehaftesten Begriffe von Weiblichkeit zu eigen: zu Hause auf den Ehemann warten, Heimchen am Herd spielen etc. (um die traditionellen Rollen in Frage stellen zu können, muß man sich in einer unangefochtenen Stellung befinden, also die Seele einer Frau im Körper einer Frau haben). Manche haben eine Vagina und machen davon keinen Gebrauch, andere haben eine Vagina und machen davon Gebrauch, doch wesentlich ist etwas anderes. Für die Transsexuellen, die von der Frau zum Mann tendieren (sie mögen es nicht, daß man sie in der weiblichen Form benennt), ist die anatomische Umwandlung weniger glaubwürdig als bei den transsexuellen Männern, die zur Frau tendieren. Eine sehr gebildete, zum Mann umgewandelte Frau hörte, wie der Chirurg über den eher dürftigen neuen Penis sagte: „Das ist ein Notbehelf“, und gab zur Antwort: „Nein, Herr Doktor, das ist ein Symbol.“ Besser kann man es nicht ausdrücken.

Wenn „der Kern“ sich nicht durch das Bewußtsein, die Entdeckung, die Manipulation der Genitalorgane bildet, wenn bei den Intersexuellen das zugewiesene Geschlecht meist die Oberhand über die biologischen Kräfte hat, dann spielen sich die wesentlichen Vorgänge zwischen den Eltern – der Umwelt – und dem Kind ab.

Stoller (1968), ein Verfechter der Bedeutung der psychodynamischen Familienkonfiguration, spricht beim Jungen von der primären weiblichen Identifizierung, die jeder Knabe beim Kontakt mit dem Körper seiner Mutter erlebt und von der er sich ablösen muß, um seine männliche Identität zu errichten. Auf dem Weg der *Geschlechtsbildung* hat der

Junge also eine schwierigere Strecke zurückzulegen als das Mädchen, das nur auf der Linie seiner primären Identifizierung zu bleiben braucht; auf dem Weg der *Sexualität* hat für Freud das Mädchen den schwierigeren Pfad, da es Objekt und erogene Zone wechseln muß. Selbst wenn man Freud nicht folgt, muß man einräumen, daß das Mädchen sich in einer schwierigeren Lage befindet. Seine Organe und Fähigkeiten sind nicht sichtbar, liegen im Körperinneren oder müssen erst noch wachsen; seine Erogenität ist diffus, und es ist unsicher in bezug auf seine körperliche Unversehrtheit, vor allem wegen der masturbatorischen Schuldgefühle (der Knabe kann sehen, daß sein Penis immer noch an seinem Platz ist). Stoller sieht darin einen Grund dadür, daß es mehr transsexuelle Männer gibt, die zur Frau tendieren, als Frauen, die zum Mann tendieren (allerdings tritt die große Mehrheit der Kindheitssymptome häufiger bei Jungen als bei Mädchen auf, vgl. Chiland & Lebovici, 1981).

Stoller spricht auch von einer besonderen Symbiose zwischen der Mutter und dem Knaben. Der Junge, ein sehr hübsches Baby, wird von der Mutter am nackten Körper gehalten, Haut an Haut; sie macht aus ihm ihren verweiblichten Phallus. Hier gibt es ein Element von Symbiose in dem Sinne, in dem wir diesen Begriff verstehen, nämlich das *Bedürfnis* der Mutter zu erkennen, daß ihr Kind ein Sohn ist, Träger eines Penis, und doch die aggressive Bedeutung zu neutralisieren, die sie mit dem Penis verbindet. Doch da ergibt sich ein Problem; die Konfiguration*, die Stoller als charakteristisch für den männlichen Transsexualismus beschreibt (Mann tendiert zur Frau), wollen die meisten Autoren nie angetroffen haben; wir haben sie angetroffen, allerdings bei einem Kind, nie bei einem Erwachsenen. Was eine Autorin wie Susan Coates erstaunt, die eine wichtige Langzeituntersuchung über sehr feminine Knaben durchgeführt hat, ist, daß diese Kinder einen Borderline-Eindruck machen und intensive Angst vor der Trennung von der Mutter haben.

Wenn wir vernünftige Aussagen drüber machen wollen, was ein Säugling erlebt, so stellen wir fest, daß er von Geburt an komplexe Fähigkeiten besitzt. Diese gestatten ihm, das, was sich bei seinen Eltern abspielt,

* Wir haben diese Konfiguration hier nicht vollständig beschrieben.

ihr psychisches Erleben, zwar nicht zu entziffern, aber doch *widerhallen* zu lassen. Über das beobachtbare makroskopische Verhalten hinaus werden dem Kind die Nuancen ihrer Gefühle mitgeteilt durch alles, was sie selbst in ihrem Körper erleben, wenn sie das Kind halten (man findet hier den tonico-posturalen Dialog von Wallon (1941) und Ajuriaguerra (1974, 26 u. 241) wieder), durch den Tonfall und die Tonhöhe ihrer Worte (noch ehe der semantische Inhalt zugänglich ist). Wenn die Eltern ihn uns übermitteln, vervollständigt der Inhalt ihrer Phantasien auf unersetzliche Weise die Beobachtung des Verhaltens. Ist das Denken als solches männlich oder weiblich? Wir wissen es nicht. Deshalb glauben wir nicht, daß das Kind männlich oder weiblich geprägt wird. Es wird aber in jedem Augenblick in dieser oder jener Reaktion bestärkt oder entmutigt. Es stellt, zunächst unbewußt, dann partiell bewußt, *die Bedingungen her, die ihm gestatten, sich geliebt zu fühlen.*

An einem Dokument aus dem öffentlichen Leben können wir diese Formulierung anschaulich machen. In Frankreich wurde eine vielbeachtete Fernsehsendung über Personen ausgestrahlt, die an Geschlechtsdysphorie litten: „Etre transsexuel" (Transsexuell sein). Darin wurde unter anderem ausführlich über einen zur Frau tendierenden transsexuellen Mann berichtet, Jacques, genannt Jackie, der zu Marie-Ange geworden war, sowie über seine Frau und seine Eltern. Bei der Erwähnung des Todes einer kleinen Tochter, Claudine, weinten die Eltern noch immer, vierzig Jahre nach dem Geschehen. Sie hatten das kleine Mädchen vor der Geburt von Marie-Ange bekommen und verloren. Als sie gefragt wurden, was sie gedacht hätten, als sie vom Problem ihres Sohnes und von seiner chirurgischen Umwandlung in eine Tochter erfuhren, antworteten beide. Der Vater sagte: „Ich habe gedacht, die Hauptsache ist, daß Marie-Ange da ist." Und die Mutter: „Daß sie lebt."

Etwas später fügte die Mutter hinzu: „Es war wie ein Keulenschlag, weil ich nicht darauf gefaßt war; ich habe nicht geweint, ich weine nicht so leicht. Aber ich habe sofort gedacht: das ist schrecklich für Marie-Ange, aber sie ist noch da ... weil nämlich Claudine tot ist, aber Marie-Ange ist da." Und sie begann zu weinen.

Wir alle kennen die Rolle, die die Trauer um ein totes Kind, die von den Eltern nicht geleistete Trauerarbeit, bei der Organisation gewisser kindlicher Psychosen spielt. Wenn man dieses sowohl technisch als auch klinisch sehr aufschlußreiche Dokument betrachtet, drängt sich die Hypothese auf, daß die von den Eltern nicht geleistete Trauer um die kleine Claudine von dem kleinen Jungen so *gedeutet* wurde: „Als Mädchen kann ich geliebt werden". Wenn hier überhaupt eine Identifizierung vorliegt, dann ist es keine primäre weibliche Identifizierung, keine primäre Identifizierung mit der Mutter, sondern eine Identifizierung mit dem Objekt, das *das Kind* als das von den Eltern am meisten geliebte *empfand*.

Jeder von uns weiß, welche Rolle die Erwartungen unserer Eltern an uns für uns gespielt haben. Wir sind zum Teil wie unser Vater, zum Teil wie unsere Mutter in unseren Begabungen, unseren Meinungen, unseren Vorlieben und unserer Wesensart, ohne daß dies unsere geschlechtliche Identifizierung betrifft; wir sind auch ein Mann wie unser Vater oder eine Frau wie unsere Mutter; doch in unserer Art, wir selbst zu sein, Mann oder Frau mit allen unseren Charakteristika, wissen wir, wie weit wir einerseits so sind, wie unsere Eltern uns vermeintlich haben wollten, und uns andererseits auflehnen und revoltieren gegen die Erwartungen an uns, die wir unseren Eltern zuschreiben: darin liegt die Wurzel unserer Identitätskonflikte.

Wir haben in unserer Formulierung betont, daß das Kind interpretiert, was seine Eltern erleben, fühlen, denken. Manchmal ist das, was das Kind herausliest, eine übereinstimmende oder fast übereinstimmende Kopie; oft ist es aber auch eine Deutung.

Wir führen dafür ein kurzes Beispiel an. Eine Mutter hat das Geschlecht ihres Kindes seit dessen Geburt vollständig und ausdauernd abgelehnt; sie weiß das und sagt es auch. Sie wünschte sich verzweifelt ein Mädchen und bringt zum vierten Mal einen Jungen zur Welt. Sie beschließt, keine weiteren Kinder mehr zu bekommen, sondern nimmt sofort kleine Mädchen in Pflege. Wir sehen den Jungen, als er sechs Jahre und in der Vorbereitungsklasse ist, denn trotz normaler Intelligenz lernt er nicht lesen. Das Kind empfindet sich als Junge und weist keinerlei weibliches Verhalten auf, das ein Problem mit der Geschlechtsidentität verriete. Doch der Junge sagt uns etwas Herzzerreißendes: „Als ich geboren wurde, hat meine Mutter sofort gewußt, daß ich bösartig bin."

Er deutet die fehlende oder unzulängliche Liebe seiner Mutter auf seine Art, indem er sich die Schuld gibt; die Ablehnung seines männlichen Geschlechts durch die Mutter wird übersetzt mit „meine Bösartigkeit". Wie wir später entdeckten, hatte die Mutter einen Grund, sich ein Mädchen zu wünschen, um sich selbst wiederherzustellen, denn als sie dreizehn Jahre alt war, hatte ihr Vater ihr mittels einer gewaltigen Ohrfeige ein Auge zerstört. Für diese Frau hängen Aggressivität (reale, nicht phantasierte) und Männlichkeit zusammen, doch das genügt nicht, um den Sohn zu verweiblichen. Sie hat nichts getan, was dem Kind das Gefühl geben könnte, es könne geliebt werden, wenn es auf seine Männlichkeit und sein Glied verzichte.

Wir haben von den Anfängen gesprochen. Zum Schluß möchten wir auf die Umarbeitungen eingehen, die während des ganzen Lebens stattfinden.

Wenn auch die Überzeugung (Überzeugung heißt hier, daß es sich um ein Glaubensproblem handelt), einem von zwei Geschlechtern und nicht dem anderen anzugehören, männlich oder weiblich zu sein, unverändert bleibt, so wandelt sich doch bei jedem Individuum die Wesensart, und seine Männlichkeit oder Weiblichkeit verändert sich ebenfalls.

Diese Überzeugung beginnt sich mit Sicherheit schon vor dem Spracherwerb zu bilden (ein weiterer Grund, warum die Entscheidung, hier von Geschlechtsidentität zu sprechen, anfechtbar erscheint); sie wird durch die Sprache bestätigt und auch durch die Manipulation der Genitalien, den Vergleich mit anderen, die Realität (Ejakulation, Menstruation etc.).

Der Sonderfall der Intersexuellen zeigt, daß der Kern der geschlechtlichen Identität früh gebildet wird, auf jeden Fall vor dem Alter von vier Jahren, und daß man sie nach diesem Alter nicht mehr ohne Schaden berichtigen kann, ohne daß das Kind dem zustimmt, und das tut es im allgemeinen nicht. Die „Aufdeckung" in solchen Fällen verwirrt das Kind derartig, daß Spezialisten für diese Probleme es im allgemeinen für besser halten, ihm zu sagen, es sei ein steriles männliches oder weibliches Wesen, als ihm mitzuteilen, daß es das Gegenteil von dem ist, was es zu sein glaubt.

Aufgrund unserer Erfahrung mit Transsexuellen halten wir diese Frage für komplexer. Manche Autoren wollen nur solche Personen als *echte* oder *primäre Transsexuelle* bezeichnen, bei denen sich, so *weit man auch zurückgeht,* die Ablehnung ihres Geschlechts und die Identifizierung mit dem anderen Geschlecht immer mit *unerschütterlicher Beständigkeit* manifestiert hat. Man sieht jedoch viele Patienten um eine Geschlechtsumwandlung bitten (durch Hormone und Chirurgie), bei denen sich diese transsexuelle Überzeugung später eingestellt hat. Einige weisen eine fetischistische Besetzung weiblicher Kleidung auf (sie verkleiden sich, zunächst mit der Komplizenschaft einer weiblichen Person ihrer Umgebung, später allein mit tatsächlichem erotischem Genuß); sie sind *Transvestiten,* und irgendwann sind sie der komplexen Schamgefühle und des Unbehagens bei ihren Verkleidungsepisoden müde und wollen Frauen werden (man beachte, daß es Transvestismus bei Frauen nicht gibt). Bei anderen findet man keinen Transvestismus (vielleicht verleugnen sie ihn); ihre Geschlechtsidentität hatte sich im zugewiesenen Geschlecht eingerichtet, allerdings unter großem, existentiellen Mißbehagen: einsame Kinder auf dem Pausenhof, ohne Freunde, ein Unglückszustand, der zu einer Borderline-Organisation führt. Irgendwann, anläßlich einer Fernsehsendung, eines Zeitungsartikels oder eines Buches, oft in der Pubertät, manchmal später, sind sie aus ihrem Unglück aufgetaucht: „Ich weiß, was ich habe, ich bin eine Frau." Von nun an wenden sie ihre ganze Energie auf, um eine Geschlechtsumwandlung zu erhalten.

Bei allen Fällen von Transsexualismus bleibt der Anteil der biologischen Elemente gegenüber den psychologischen Elementen problematisch. Es ist möglich, daß es in irgendeiner heiklen Periode im Uterus zu einer fehlerhaften hormonalen Assimilation gekommen ist (doch in den Fällen, in denen man die Fakten kennt – Hormonbehandlung der Mutter – hat man keinen Transsexualismus gefunden). Manchmal ist genauso schwer festzustellen, was sich auf zwischenmenschlicher Ebene abgespielt hat, denn die Betroffenen selbst erzählen nicht viel über ihre Kindheit, die Eltern sind nicht mehr am Leben oder nicht erreichbar, und wenn man sie trifft, lange nach der Kindheit ihres Sohnes oder ihrer Tochter, hat das, was sie erzählen, viele Veränderungen erfahren; bislang hat mir noch kein Elternteil eines erwachsenen Transsexuellen eine Geschichte à la Stoller erzählt (nur die Eltern eines Kindes, das ich sah, als es vier Jahre alt war, vgl. Chiland und Mattar, *Un garçon à la Stoller*).

Was man mit einer Häufigkeit findet, die wir im Augenblick nicht beziffern können, die aber nicht zu vernachlässigen ist, sind Kinder, die eine gewisse Anzahl physischer Weiblichkeitsmerkmale aufweisen, insbesondere fast keinen Bartwuchs nach der Pubertät. Welche Wechselwirkung besteht zwischen ihrer Erscheinung, die bei anderen Reaktionen auslöst, und ihrer endgültigen Entscheidung für den Transsexualismus? In der katamnestischen Studie von Richard Green (1987), *The Sissy Boy Syndrome*, war nur einer von 66 Jungen transsexuell geworden, die meisten homosexuell, einige heterosexuell.

Die Idee der Geschlechtsumwandlung ist eine verrückte Idee: der neubestimmte Frauenkörper (oder Männerkörper) ist nicht der Körper einer Frau oder eines Mannes, sondern ein manchmal absolut glaubhaftes Erscheinungsbild (fortan weiß ich in der Metro oder in einem Hörsaal nicht mehr, mit wem ich es zu tun habe). Für den Betroffenen ist er, um den zitierten Ausdruck zu verwenden, ein „Symbol". Nur die günstige Entwicklung von Personen, die sich einer Geschlechtsumwandlung unterzogen haben, könnte diesen medizinischen Eingriff rechtfertigen, doch die katamnestischen Untersuchungen sind schwer durchführbar, und die meisten derer, die existieren, sind unzulänglich. Daß iatrogene Faktoren an der gegenwärtigen Situation beteiligt sind, in der die transsexuelle Nachfrage zugenommen hat (sie scheint jetzt aber ein Plateau zu erreichen), ist sicher. Doch Tatsache ist auch, daß die Intersexuellen einen Körper haben, der ihrer gelebten geschlechtlichen Identität nicht entspricht...

Wir müssen also weiter über dieses seltsame Lebewesen meditieren, den Menschen, der zu voll von Vorstellungen ist und im Unterschied zu anderen Tieren die Anforderungen der Geschlechtlichkeit von den Anforderungen der Sexualität trennt.

Literatur

Ajuriaguerra, J. de (1974): Manuel de Psychiatrie de l'Enfant. – Paris: Masson.

Bettelheim, B. (1954): Die symbolischen Wunden. – München: Kindler 1975.

Chiland, C. (1979): Réflexions d'une psychanalyste en 1979 sur la sexualité féminine. – In: Psychoanalyse á l'Université 4, Nr. 14, 341–347.

Chiland, C. (1980): Clinical practice, theory and their relationship in regard to female sexuality. – In: The International Journal of Psychoanalysis 61, 359–365.

Chiland, C. (1986): Parler clairement des sens multiples de „identification". – In: Les Textes du Centre Alfred Binet, Nr. 8, juin 1986, 47–56.

Chiland, C. & Lebovici, S. (1981): Psychopathologie différentielle des sexes. Evolution au cours des dernières décennies et bilan actuel. – In: Enfance, Nr. 1–2, 61–73.

Chiland, C. & Mattar, P.: Un garcon à la Stoller. (im Erscheinen begriffen).

Freud, S. (1899): Aus den Anfängen der Psychoanalyse. – Frankfurt: S. Fischer 1962.

Freud, S. (1905): Drei Abhandlungen zur Sexualtheorie. – Gesammelte Werke, Band V. – Frankfurt: S. Fischer 1942, 27–132.

Freud, S. (1911): Formulierungen über die zwei Prinzipien des Psychischen Geschehens. – Gesammelte Werke, Band VIII. – Frankfurt: S. Fischer 1943, 229–238.

Freud, S. (1933): Neue Folgen der Vorlesung zur Einführung in die Psychoanalyse, 33. Vorlesung: Die Weiblichkeit. – Gesammelte Werke, Band XV. – Frankfurt: S. Fischer 1944, 119–145.

Freud, S. (1939): Der Mann Moses und die monotheistische Religion. – Gesammelte Werke, Band XVI. – S. Fischer 1950, 101–246.

Green, R. (1987): The „Sissy Boy Syndrome" and the Development of Homosexuality. – New Haven & London: Yale University Press, X, 416.

Hampson, J. G., Money, J. & Hampson, J. L. (1956): Hermaphroditism: Recommendations concerning case management. – In: Clin Endoor & Metabol 16, 547–556.

Jacobson, E. (1954): On psychotic identifications. – In: International Journal of Psychoanalysis 35, 102–108.

Klein, M. (1932): Die Psychoanalyse des Kindes. – München: Reinhardt 1971.

Langaney, André (1976): Histoire naturelle de la sexualité. – Paris: Nathan.

Mahler, M. (1968): Symbiose und Individuation. Bd. I. – Stuttgart: Klett 1972.

Money, J., Hampson, J. G. & Hampson, J. L. (1955): Hermaphroditism: Recommendations concerning assignment of sex, change of sex, and psychologic management. – In: Bull Johns Hopkins Hosp 97, 284–300.

Money, J., Hampson, J. G. & Hampson, J. L. (1957): Imprinting and the establishment of gender role. – In: Arch Neurol Psychiat, 77, 33–336.

Money, J. & Erhardt, A. (1972): Man & Woman, Boy & Girl. – Baltimore and London, Johns Hopkins University Press XIV, 311.

Roiphe, H. & Galenson, E. (1981): Infantile Origins of Sexual Identity. – New York: International Universities Press. Französische Ausgabe: La naissance de l'identité sexuelle. Paris PUF 1987.

Sherfey, M. J. (1966, 1972): The Nature and Evolution of Female Sexuality. – New York: Random House. Französische Ausgabe: Nature et évolution de la sexualité féminine. Paris: PUF 1976.

Soulé, M.: mündliche Mitteilung.

Stoller, R. (1968): Sex and Gender, volume 1. – New York: Science House. Französische Ausgabe: Recherches sur l'identité sexuelle. Paris: Gallimard, 1978.

Stoller, R. J.: L'Identité de genre: développement et pronostic. In: Nouvelles approches de la santé mentale de la naissance à l'adoloscence pour l'enfant et sa famille. – Paris: PUF (im Erscheinen begriffen).

Wallon, H. (1941): L'évolution psychologique de l'Enfant. – Paris: A. Colin.

Hans Erich Troje

Gestohlene Liebe – Zum Problem der Rettung der Ehe

problemata, Band 120. 1988. 221 S. Leinen und Broschur

Gestohlene Liebe – amor furtivus, übersetzbar auch als „diebische", verstohlene, verbotene und immer heimliche Liebe – ist in der erotischen Lebensphilosophie und Dichtung der Römer ein Leitbegriff praktischer Vernunft. Er hat die europäische Diskussion über Ehe, Liebe und Treue vom Altertum bis in die Neuzeit wesentlich geprägt. Auf die Frage nach den Bedingungen und Grenzen der Möglichkeit ehelicher Treue und der Vereinbarkeit von Ehe und Liebe hat schließlich Goethe in seiner sehr gewagten, verrätselten und verheimlichten Dichtung „Das Tagebuch" eine Antwort gefunden, die dem in der herrschenden Moraltheologie entwickelten Konzept der „jungfräulichen Ehe" fundamental entgegensteht: „im Raub genießen nach Buhlenart des Ehestands heilige Rechte". Die lebendige, gegenwärtiges und zukünftiges Erleben prägende Erinnerung gestohlener Liebe macht Treue möglich. Rettung der erlaubten Liebe durch die verbotene, dieser Ausgang wird hier weder sentimental noch frivol verstanden, sondern als Anfang einer konservativ-revolutionären Sinngebung. – In den theologischen und juristischen Diskursen und bei deren zwangsweiser Umsetzung in Lebenspraxis ist die Ehe den Menschen weitgehend genommen, enteignet, entfremdet, zugedeckt mit allen möglichen Lasten. Aus der reflektierten Erfahrung der bedrückenden Praxis des gegenwärtigen Scheidungs- und Scheidungsfolgenrechts befragt ein traditionsverpflichteter Rechtslehrer und Richter die Ideengeschichte nach Möglichkeiten, das Scheitern der Ehe zu überstehen und die Scheidung zu vermeiden, sucht nach pragmatischen Strategien des Weiterlebens in einer kritischen Ehe: Rekonstruktion der Ehe als eigener, wieder angeeigneter Lebenswelt, als ein Stück individueller Selbstverständlichkeit, das Leben ermöglicht und fundiert. In der Tradition, in der zu Konzepten verarbeiteten Summe menschlicher Erfahrungen im historischen Prozeß, liegen nicht nur die Ursachen der Krise, sondern auch die Ressourcen zu ihrer eventuell doch möglichen Überwindung.

Heinz Weiß

Der Andere in der Übertragung

Untersuchung über die analytische Situation und die Intersubjektivität in der Psychoanalyse

Jahrbuch der Psychoanalyse. Beiheft 11. 1988. 263 S. Leinen

Die Übertragung genießt in der Psychoanalyse ein beinahe „mythisches Prestige". Dabei sind es nach J. Lacan noch jedesmal die „antreibenden technischen Divergenzen" gewesen, die eine wirkliche Kritik des Übertragungsbegriffs verhindert haben. Diesen Mangel versucht die vorliegende Untersuchung auszugleichen, indem sie nach dem intersubjektiven Bedeutungsgehalt der Übertragung fragt. – Wie kommt jene besondere Form der Intersubjektivität zustande, in der das Subjekt im Anderen seiner vergessenen Vergangenheit begegnet? Welche Position nimmt dieser Andere ein in bezug auf das begehrende Subjekt, sein Sprechen und seine Geschichtlichkeit? Und wie ist es möglich, daß die Übertragung inmitten der Wiederholung zugleich eine neue Beziehungsgestalt entstehen läßt, die der deutenden Rekonstruktion offensteht? – Anhand dieser Leitfragen unternimmt es der Autor, Entwicklungen der philosophischen Anthropologie, der Hermeneutik und der strukturalen Linguistik mit neueren Ansätzen innerhalb der Psychoanalyse ins Gespräch zu bringen, wie sie etwa in Spitz' Spätwerk über den „Dialog", in Winnicotts Untersuchungen zu den „Übergangsphänomenen" und „-objekten" oder in der strukturalistischen Psychoanalysedeutung Lacans vorliegen. Es ist das Anliegen des Buches, den Phänomenbestand „Sprache", „Wunsch" und „Intersubjektivität" in einen übergreifenden Interpretationszusammenhang zu stellen, der theoretischen Ansprüchen ebenso genügt wie er den besonderen Bedingungen der analytischen Gesprächssituation Rechnung trägt.